RELACIONAMENTOS
EXTRAOR
DINÁRIOS

Copyright© 2018 by Literare Books International.
Todos os direitos desta edição são reservados à Literare Books International.

Presidente:
Mauricio Sita

Capa e diagramação:
Felipe Cavalcanti

Revisão:
Bárbara Cabral Parente e Etiene Arruda

Gerente de Projetos:
Gleide Santos

Diretora de Operações:
Alessandra Ksenhuck

Diretora Executiva:
Julyana Rosa

Relacionamento com o cliente:
Claudia Pires

Impressão:
Rotermund

Dados Internacionais de Catalogação na Publicação (CIP)
(Câmara Brasileira do Livro, SP, Brasil)

```
Queiroz, Daniel Ribeiro
    Relacionamentos extraordinários : 4 chaves para
você ter relacionamentos que durem para sempre /
Daniel Ribeiro Queiroz. -- São Paulo : Literare Books
International, 2018.
    ISBN 978-85-9455-073-6

    1. Amor 2. Autoajuda (Psicologia) 3. Companheirismo
4. Relacionamento interpessoal I. Título.

18-13627                                    CDD-158.2
```

Índices para catálogo sistemático:

1. Autoajuda : Relações interpessoais : Psicologia aplicada   158.2

Literare Books
Rua Antônio Augusto Covello, 472 – Vila Mariana – São Paulo, SP.
CEP 01550-060
Fone/fax: (0**11) 2659-0968
site: www.literarebooks.com.br
e-mail: contato@literarebooks.com.br

DANIEL RIBEIRO QUEIROZ

RELACIONAMENTOS EXTRAORDINÁRIOS

4 CHAVES PARA VOCÊ TER
RELACIONAMENTOS QUE DUREM PARA SEMPRE

AGRADECIMENTOS

À minha esposa, Cristiane, por ser um porto seguro, uma investidora e semeadora em minha vida para o propósito que temos, e que foi uma aperfeiçoadora de cada projeto, caminhando comigo e me ensinando a beleza de viver relacionamentos extraordinários.

À minha filha Marjorie, que brilha em minha vida, sendo uma maestrina em relacionamentos, desde pequena.

Ao meu filho Benjamin, por trazer para a nossa vida uma alegria enorme, e por ser mais uma motivação para construirmos um futuro melhor.

À minha mãe, Elaine, que sempre foi brilhante em relacionamentos, e que me ensinou demais!

Aos meus mentores e pastores, Sóstenes e Lilian, por ampliarem minha visão, cuidado e sonhos de sermos cada vez mais parecidos com Cristo e nos consolidarmos como uma nação de honra.

À minha igreja, que me ensina a cada dia a bênção de vivermos para relacionamentos extraordinários.

Aos meus discípulos diretos, que são o selo do meu chamado e missão de vida.

Ao meu mentor e amigo, Artur, e à sua esposa, por nos direcionarem neste novo tempo de expandir os horizontes e levar este conteúdo aos quatro cantos da Terra.

Ao meu pai, Othoniel de Oliveira Queiroz (*In Memorian*).

ÍNDICE

Introdução 11

1º. Capítulo: A base dos relacionamentos   23

2º. Capítulo: Primeiro pilar: amizade   39

3º. Capítulo: Segundo pilar: confiança   57

4º. Capítulo: Terceiro pilar: aliança   83

5º. Capítulo: Quarto pilar: intimidade   101

6º. Capítulo: Usando os pilares nos relacionamentos 119

7º. Capítulo: Ferramenta dos 4 pilares   133

PREFÁCIO

A vida bem vivida tem que celebrar bons relacionamentos.

A feliz temática é atualíssima e eterna, e é abordada com autoridade pelo autor, Daniel Ribeiro Queiroz, meu amado amigo, provado e aprovado.

Daniel é alguém que vive intensamente suas escolhas e relacionamentos, como agente responsável por boas influências para milhares de pessoas, ávidas por qualidade de vida.

O trabalho do autor é criativo e referenciado em fontes limpas e em sua larga experiência de líder eclesiástico, consultor de instituições, empresas e líderes, teólogo, *coach* e apaixonado por pessoas e suas expectativas.

Somos gerados por relacionamentos, vivemos nos relacionando, bem ou mal, a vida inteira, viveremos a eternidade resultante da nossa capacidade de nos relacionarmos conosco mesmos e os princípios da Vida.

Saber que podemos crescer em resultados por aplicar a sabedoria que vem do conhecimento de verdades, até disponíveis, mas nem sempre compreensíveis, nos desafia a buscar, na boa leitura, elementos facilitadores para nossas emoções e intelecto.

Estamos numa sociedade que jamais se relacionou tanto. As facilidades cibernéticas, sem dúvida, nos empurram para um processo de depuração e avaliação de material social, quotidiana, imediata e constantemente. Nunca se produziu tanto e com uma qualidade duvidosa.

Este trabalho, entretanto, "Relacionamentos extraordinários", é parte de um sistema de excelente conteúdo e desperta um fascínio especial para os apreciadores dos complexos e ricos labirintos do trato e cuidado com as pessoas que amamos, que nos amam, e até mesmo com aquelas que estão fora dos nossos mais afetuosos ciclos de intimidade.

Creio que esta leitura ajudará você a considerar respostas preciosas para as mais instigantes inquietações do ser humano: os relacionamentos essenciais para as demandas da sua própria alma e espírito!

Sóstenes Sousa

INTRODUÇÃO

Melhor é serem dois do que um, porque têm melhor paga do seu trabalho. (Eclesiastes 4:9)

Ficar sozinho é, às vezes, o desejo de cada um de nós. Já aconteceu com você, de querer ficar sozinho em determinados momentos? Bem, houve situações em que eu também tive esse desejo, mas logo passou. Por quê? Porque eu creio piamente que não nascemos para vivermos sozinhos. Apesar de serem necessários, os momentos a sós não podem ser o aspecto predominante em nossa vida.

Li em algum lugar que não é bom que o homem viva só,[1] e a cada dia vejo esta verdade evidenciada na sociedade. Por mais difícil que sejam, relacionamentos são imprescindíveis para nós. Se quisermos chegar a algum lugar, eles serão instrumentos para que façamos isso. Você não conquista sonhos maiores, não chega mais longe, nem desfruta de momentos inesquecíveis se não tiver pessoas ao seu lado. Pense nisso. Suas grandes conquistas têm a ver com *quem*

---

1 Gênesis 2:18.

estava ao seu lado, com *quem* você se relacionou durante o processo.

Creio também que as maiores frustrações que você teve também envolvem pessoas que o decepcionaram e não corresponderam ao que esperava. Portanto, tanto as nossas maiores e melhores lembranças quanto as nossas maiores e piores decepções têm a ver com *relacionamentos*, têm a ver com a maneira como nos relacionamos com as pessoas.

Quando entramos nas redes sociais, percebemos que a maioria das pessoas posta fotos porque quer mostrar que tem relacionamentos. Por isso mesmo o nome é "rede social". Inclusive, quando postam fotos com celebridades, a aparente mensagem é: "Olha o relacionamento que eu tenho com o famoso fulano de tal!" Queremos ser bem relacionados com pessoas importantes numa tentativa velada de reafirmar a nossa importância. Isso está na essência do ser humano. Nós queremos relacionamento.

Depois de mais de 15 anos trabalhando com pessoas, relacionamentos e lideranças, descobri que quanto mais nos esmeramos em ter relacionamentos melhores, mais felizes somos, mais realizados e cheios de esperança ficamos. Entendo que, para nos relacionarmos sadiamente com o outro, nós precisamos nos relacionar melhor conosco, ter um relacionamento interno bem resolvido. Relacionamentos promovem um crescimento extraordinário para quem decide vivê-los com inteireza.

| INTRODUÇÃO |

Quando estamos abertos a nos relacionar com pessoas, estamos abertos para entrar em um universo de possibilidades, onde um celeiro de conhecimentos, emoções e memórias compartilhadas se abre como um álbum de fotografias no qual as partes envolvidas colam "suas fotos", gerando uma história única, da qual essas pessoas participam. Pense em "quantos "álbuns" podem ser gerados no decorrer de sua vida, quantos enredos são especialmente criados para que, ao longo de gerações futuras, tais momentos sejam contados.

Quantos de nós contamos histórias de nossos relacionamentos da infância, escola, igreja, trabalho, aos nossos filhos e pessoas próximas, gerando com isso uma onda de felicidade e reflexão por meio das conexões que foram geradas!

Relacionamentos são *conexões*.

Segundo o dicionário (Priberam Dicionário Online, 2013), relacionar-se é:

re·la·ci·o·nar - **Conjugar**
(latim *relatio, -onis* + *-ar*)
verbo transitivo
1. Fazer uma relação de, meter em lista.
2. Referir; narrar; contar.
3. Estabelecer relação ou analogia entre; comparar.
verbo pronominal.
4. Adquirir relações.
5. Entrar na intimidade de.

E relacionamento:
re·la·ci·o·na·men·to
(*relacionar* + -mento)
substantivo masculino
1. Ato de relacionar ou de se relacionar.
2. Ligação afetiva ou sexual entre duas pessoas.

Portanto, relacionamento é uma ligação envolta em emoção e motivada por um interesse.

Nenhum relacionamento nasce por acaso, por mais que aconteça de falarmos isso. No mínimo, as partes estavam abertas para que o relacionamento acontecesse, para que houvesse uma conexão. Ligar duas partes que são diferentes exige de ambas vontade e afinidade para que exista um encaixe, ligando os envolvidos.

Geralmente somos conectados uns aos outros a partir das dores que temos. Dificilmente vemos pessoas ligando-se umas às outras por suas virtudes – em geral, a ligação acontece por causa de suas dores, rejeições e traumas.

Já percebeu que, ao procurar algum grupo para afiliar-se, você busca um grupo no qual não seja você a atração, e que tenha praticamente suas mesmas características, para que possa enquadrar-se sem que seja muito notado?

Quando há um desejo de transformação, provavelmente você procura outro grupo, no qual sua dor possa ser aceita, e cujos integrantes já passaram ou passam por aquela dor, para que possa ser compreendido, acolhido e ajudado em seu desejo de transformações.

| INTRODUÇÃO |

Não quero entrar na psicologia dos relacionamentos e nem ser técnico demais, mas até mesmo quando se fala em buscar o nosso cônjuge, por exemplo, somos motivados por fatores e experiências que tivemos em nossa vida. No caso do homem, ele procura alguém como sua mãe, ou totalmente oposto a ela; a mulher, por sua vez, busca no homem o seu pai, ou o oposto dele.

Nossas referências e experiências em família criam padrões, e são eles que buscaremos nos grupos dos quais faremos parte. É interessante ver que buscamos o que recebemos ou buscamos o que nos faltou – é a dinâmica dos relacionamentos.

Quem tem mais falta possui a propensão a ter relacionamentos mais complicados, pois há uma distorção de princípios e valores, e assim a pessoa entra em uma busca desenfreada por aquilo que faltou.

Não digo aqui que toda distorção vem pela falta, pois a partir do ponto em que vamos crescendo e nos desenvolvendo (e somente assim), vamos ganhando um poder incrível, que é o poder da escolha. Esse poder coloca em nossas mãos a possibilidade de mudarmos a nossa história, escolhendo caminhos assertivos e congruentes com o futuro que decidirmos viver.

O passado é aquilo que formou você; o presente é a possibilidade de formar; o futuro é o resultado da fôrma que o presente gerou.

Viver construindo relacionamentos extraordinários é a garantia de que um futuro muito mais próspero está sendo construído. Trabalhar sozinho faz com que você ande mais rápido, mas andar junto a alguém faz com que você chegue mais longe e ganhe mais pelo trabalho feito.

Prosperidade é o resultado de relacionamentos certos. Quando você se conecta com a(s) pessoa(s) certa(s), abre um caminho por princípios, estabelece uma rota de êxito e fecha a porta a invasões de ladrões de sonhos e visão.

Quantos empreendimentos ruíram por escolhas malfeitas de parceiros? Quantos casamentos indo à falência porque a escolha foi equivocada ou pelos motivos errados? Quantas pessoas depressivas, mal-humoradas, doentes, por que se entregaram a pessoas erradas?

Três maneiras de viver relacionamentos

Eu creio em três maneiras de buscar relacionamentos: buscar relacionamento querendo receber, buscar relacionamento querendo dar e buscar relacionamento no qual você sabe receber e sabe dar.

Você pode se perguntar: "qual deles está certo?". Li naquele mesmo lugar que dar é melhor que receber.[2] Todos aqueles que buscam o relacionamento querendo receber tornam-se reféns dos outros e dependentes do que vem do outro lado. Procuram o outro apenas quando têm necessidade, e por isso geram desgastes para os que dão, pois são chamados de interesseiros.

Os interesseiros acabam se tornando amargos, pois nada do que têm é suficiente, sempre querem mais. Deixe-me dar um exemplo prático desse perfil.

---
2 Atos 20:35.

| INTRODUÇÃO |

Existe um mar na região de Israel, muito conhecido: o Mar Morto. Por que ele é *morto*? Porque recebe água de todos os rios ao redor, mas não dá água para nenhum rio. Ele tem dez vezes mais sal que qualquer outro mar, o que faz com que qualquer peixe que chegue à sua água morra instantaneamente. Eu já tive a oportunidade de "nadar" (ou pelo menos tentar nadar) nessas águas. Você tenta mergulhar, mas não consegue, e fica boiando sem saber nadar mesmo, é uma sensação até que agradável.

Há também os que só sabem dar, não querem receber nada em troca, e por isso se esvaem, sentindo-se frustrados por não darem o suficiente. Aqui está o maior perigo, creio eu, pois é lindo ver pessoas assim, que dão, dão, dão, e não sabem receber em troca. Mas não podemos nos doar a ponto de prejudicarmos a nós mesmos, deixando de lado nossa saúde e até mesmo nossa família.

Há um princípio imutável, que é o de amar ao próximo como a si mesmo.[3] Eu amo alguém porque primeiro me amo. Se o "amor" existir apenas para o outro, isso não é amor, e você entra em uma rota destrutiva. Frases como: "Você não valoriza o que eu dou", "Você não vê o quanto eu me entrego", são expressões que exemplificam o discurso daqueles que só sabem dar e acabaram encontrando alguém que só quer receber.

Quando dois "doadores compulsivos" se encontram, há um conflito, pois nenhum dos dois sabe receber, e assim perdem-se os valores, pois se dão pelo querer se dar, e não veem uma necessidade de receber o que o outro

---

3 Mateus 19:19.

quer entregar. Não há espaço para deixar no outro uma semente, pois os campos estão fechados para serem semeados. Ambos só sabem semear, não conseguem deixar terreno para receber uma semente um do outro. Acontece que ninguém vive sem um jardim florido dentro de si, é preciso que a pessoa tenha se deixado semear por semeadores construtivos e edificantes.

Na verdade, sem um jardim, abre-se espaço para um deserto, que sufoca e mata aos poucos. Arrisco-me a dizer que os que só sabem dar acabam gerando e criando coisas, tornando-se, assim, "falsos", por entregarem algo que não receberam. Só se dá daquilo que se recebe. Não é só receber e não é só dar. É saber receber e dar.

Quando aprendo a receber e a dar, me relaciono com sabedoria – sei receber carinho, dou carinho, sei receber palavras de elogio, e também elogio. Recebo presentes, dou presentes com diligência. Sei receber um ato de serviço, me descubro no servir o outro na sua necessidade e ocasião. Recebo a presença, a inestimável semeadura do tempo de outra pessoa, e aprendo a dedicar tempo de qualidade para outra pessoa ou pessoas.

O equilíbrio é a resposta para se viver relacionamentos extraordinários. Ser equilibrado é buscar o ajuste continuamente, não sendo reativo, mas proativo, sabendo que quando eu me curo, me ajusto, eu levo para os meus relacionamentos as ferramentas necessárias para trazê-los sempre para níveis melhores.

Este livro nasce com o desejo de que os seus relacionamentos entrem em novos níveis, e sejam ajustados e

| INTRODUÇÃO |

impulsionados a serem melhores e frutíferos, pois todo relacionamento saudável dá frutos, e bons frutos, dando gosto de ser conhecido, pois pelo fruto se conhece a árvore.[4] Quero que essa árvore possa crescer, crescer, crescer, e dar frutos que serão colhidos por gerações!

Num mundo onde os relacionamentos parecem ter se tornado artificiais, casamentos perdem seu sentido e famílias ficam em segundo plano, quero resgatar valores, relembrar princípios e abrir caminhos para que possamos inverter este quadro, e assim termos:

- **Amizades extraordinárias**, que saibam dar e receber com sabedoria e inteligência, nas quais não haja espaço para deslizes, pois há um real relacionamento vindo de pessoas que escolheram caminhar juntas por entender que há um propósito em estarem juntas, e não apenas por diversão, mas, sim, têm uma conexão para algo maior, para construir e edificar legados para gerações. Uma relação na qual seus álbuns contêm histórias de superação, de companheirismo, de compartilhamento de emoções, planos e objetivos, pessoas para as quais o simples fato de estarem juntas já basta, não importando a distância, pois os corações estão juntos.

---
4 Mateus 12:33.

Famílias extraordinárias, por meio de um esposo que se relaciona com maestria com sua esposa, uma esposa que tenha *expertise* em entender seu esposo e se relacionar de forma abundante com ele. Pais que entendam seus filhos e filhos que amem se relacionar com seus pais, família nas quais os pais são os melhores amigos e confidentes dos filhos.

Eu sei que quando o coração dos pais se converter aos filhos e o dos filhos aos pais,[5] nós estaremos habilitados a receber bênçãos extraordinárias sobre nossas vidas: as prisões terão seu número de detentos drasticamente reduzidos, as drogas perderão seu sabor, haverá prosperidade sobre a Terra, pois teremos pais que têm uma família só, não precisam sustentar duas, teremos esposas como mães realizadas em cumprir seu papel em casa e na sociedade, trabalhando não para sustentar a casa, mas para somar com seus esposos em um futuro de paz e bênção. Lares nos quais veremos irmãos vencendo seus desafios de se relacionar e sendo lapidados por pais atentos à sua casa e aos que vivem sob suas asas. Casas que são um lar, e não apenas quatro paredes para se morar, mas, sim, o lugar onde se vive uma vida abundante.

- **Igrejas extraordinárias**, não há como esperar outra coisa de uma igreja, lugar onde nos reunimos para ter relacio-

---
[5] Malaquias 4:6.

| INTRODUÇÃO |

namentos que nos levem a adorar a Deus em espírito e em verdade. Não há adoração na vertical sem que antes existam relacionamentos na horizontal. Por isso, Deus fez existir a Igreja, um lugar de relacionamento, de comunhão, de encorajamento, de fortalecimento, de exortação, de chorar com os que choram, se alegrar com os que se alegram, de incluir o necessitado, o órfão, a viúva, o que se perdeu, encontrar o seu lugar, ser achado. O lugar onde se procuram as dracmas perdidas, que se recebe o filho pródigo com o beijo e o abraço do Pai.[6] A Igreja é o lugar de cura, de ajustes de relacionamento, lugar onde alguém que não tem, recebe, onde quem tem, dá, e a vida se torna abundante Naquele que é o Dono Dela: Jesus.

- **Corporações extraordinárias**, aquelas que entendem que seus resultados são possíveis por causa de pessoas, as quais por meio de relacionamento geram o inesperado! Corporações que entendem que uma reunião, reunir pessoas, não é simplesmente ocasião para que nasçam ideias, mas para que aconteça uma conexão entre mentes brilhantes, em que o entendimento e o ajuste das equipes façam com que se logre êxito sem precedentes. Onde se possa dizer: "Aqui

---

6 Lucas 15.

tenho amigos; não só colegas". Eu sou profissional, e posso me relacionar com meus parceiros de trabalho gerando um ambiente favorável para se enfrentar os desafios do dia a dia, sendo em casa ou no lugar onde sua "paixão" é remunerada, entendendo que somos pessoas que não têm como se desconectar de suas vidas fora do trabalho, mas, sim, se preocupam com cada um individualmente, gerando equipes cada vez mais fortes, nas quais todos são fortalecidos.

Este é o meu sonho, que neste momento compartilho com você. A partir de agora, vamos caminhar para fazer a nossa parte a fim de que se realize. Se você está comigo nesse sonho e decide começar a fazer sua parte, compartilhe em sua rede social:

Eu quero fazer a diferença vivendo

#relacionamentosextraordinários!

Viva você também!

Quer saber como? Conheça este livro:

www.transformeseucasamento.com.br/livro

A jornada começou. Seja bem-vindo a um novo tempo, o tempo de Relacionamentos Extraordinários!

1º CAPÍTULO

A BASE DOS RELACIONAMENTOS

> *Todo aquele, pois, que ouve estas minhas palavras e as pratica será comparado a um homem prudente que edificou a sua casa sobre a rocha; e caiu a chuva, transbordaram os rios, sopraram os ventos e deram com ímpeto contra aquela casa, que não caiu, porque fora edificada sobre a rocha. E todo aquele que ouve estas minhas palavras e não as pratica será comparado a um homem insensato que edificou a sua casa sobre a areia.*
>
> *(Mateus 7:24-26)*

O terreno

O homem citado na parábola acima construiu a sua casa sobre a areia. Para que ele a construísse, precisou estabelecer primeiro o fundamento da casa. No entanto, ele escolheu construir sua casa em um terreno no mínimo curioso, pois sabemos que nem mesmo os nossos lindos castelos (se é que podemos dar este nome, não é mesmo?), que construímos quando estamos nos divertindo na praia, resistem por muito tempo às ondas que certamente vêm contra ele.

Nesta parábola, temos um princípio interessante: casas são feitas para resistirem a tempestades. *Casa* é a metáfora de vida e relacionamentos. Representa o lugar onde aprendemos a lidar e a viver os primeiros relacionamentos, que são construídos para vencer as crises.

Indo mais longe ainda, eu gostaria que isso ficasse em sua mente e coração: relacionamentos não deveriam ser os geradores de crises, mas, sim, um abrigo firme, algo bem fundamentado e estruturado para suportar o que vem contra nós.

Quero propor uma transformação em sua maneira de pensar relacionamentos: talvez você tenha firmado em sua mente que relacionamento é algo difícil, que lidar com pessoas é difícil, que dá muito trabalho. Quero trazer uma brisa suave e fresca a você: se praticar os princípios deste livro, gerar valores novos em si mesmo, gerando também transformação de comportamento, essa sua maneira de pensar vai mudar. Seus relacionamentos serão mais fáceis. Desafiadores, sim, mas não difíceis. Você lidará melhor com pessoas e será algo prazeroso lidar com gente. Seus relacionamentos serão efetivos contra a crise, abrigos seguros nos tempos adversos.

Tudo depende do lugar onde construímos os nossos relacionamentos. O fundamento é importante, mas onde construímos é mais ainda. Analisando a parábola, o que seria esse terreno? Ele se chama *verdade*.

Uma verdade abre o Caminho que leva à Vida. Uma verdade nunca é relativa. A Verdade, que é a Rocha, é firme e não confunde. Posso afirmar a você que relacionamentos foram feitos para resistir a crises, ventos, ondas e tempestades. Uma pergunta: tem sido assim?

O mais comum hoje é quebrarmos as conexões, os relacionamentos, e vermos grandes e promissores empreendimentos de pessoas ruírem. Por quê? Porque não estava firmado na verdade.

| A BASE DOS RELACIONAMENTOS |

Quando os relacionamentos são construídos sobre mentiras?

- Quando há falsas expectativas;
- Quando é movido por carências;
- Quando é gerado por paixão e não construído por amor;
- Quando há medo em se falar a verdade para não perder.

Segundo o psicólogo americano Xavier Amador, os homens mentem para evitar conflitos, e mentem seis vezes por dia (duas vezes mais do que a mulher).

Parece que temos uma tendência a mentir, e isso deixa os relacionamentos cada vez mais propensos a sucumbir mediante as crises. Por que falar sobre fundamento? O capítulo não é sobre *pilares e princípios*? Pergunto a você: onde colocamos os pilares e os princípios, a não ser sobre um fundamento, em terreno sólido e firme?

Precisamos preparar o terreno. Construir relacionamentos fundamentados na verdade é um desafio para cada um de nós.

Eu não disse que seria fácil construir relacionamentos extraordinários, mas digo que, com toda certeza, é possível construir relacionamentos que resistam aos ventos e às tempestades.

Quero propor alguns antídotos para esses terrenos mentirosos que citei acima, trazendo uma "conversão de terreno", trazendo esses âmbitos para a verdade.

Falsas expectativas

Expectativas não são ruins. Todos nós temos expectativas a respeito de algo. Essa é a história que contamos para nós mesmos depois de uma frustração: "Não devia ter criado expectativa..." É algo que falamos para nos confortar. O fato é que as falsas expectativas acontecem quando:

- Queremos que os outros sejam iguais a nós, pensem e tenham as mesmas atitudes que nós.
- Temos o ideal da perfeição, e o perfeccionismo é um paralisante de sonhos. Achamos que o relacionamento tem que ser tão perfeito, que nada acontece, pois não chegará ao nível que queremos.
- Quando depositamos a nossa esperança no outro e não nos envolvemos no processo.

Como podemos, então, sair dessas armadilhas, deixando de lado as falsas expectativas e passando a ter expectativas reais?

- Respeite a história de cada pessoa e entenda que relacionamentos não são para os iguais, mas para o crescimento entre os diferentes.
- Não somos perfeitos. Talvez até achemos que somos, mas não somos. Se você assumir suas fraquezas, saberá que os outros também têm as deles, e isso levará você a aceitar os pontos de melhoria dos outros.

- Precisamos viver com 50% do êxito do relacionamento. Não podemos viver com os 100% da outra pessoa. Temos que estar 100% comprometidos com os nossos 50%, e avaliar o comprometimento com os outros 50%.
- Antes de se relacionar profundamente com alguém, veja como essa pessoa é em família. Se ela não respeitar os da própria casa, com certeza não respeitará você.

Mover-se por carências e necessidades

As piores decisões que tomamos acontecem em tempos de necessidade ou quando estamos carentes.

Relacionamentos que nascem no "preciso receber" e não no "quero dar" são nocivos. Imagine alguém que só quer tomar remédio, mas não quer fazer os exercícios da fisioterapia, por exemplo. O que vai acontecer? Dependência.

Carências nunca são positivas, sempre serão sugadoras e destrutivas. Se temos uma carência, precisamos de ajuste, precisamos curar essa carência.

Por incrível que pareça, para curar uma carência você precisa começar a doar nesta área em que é carente. Talvez você pense: "Mas eu não posso dar o que eu não tenho, não é?".

Acontece que todo carente já recebeu mais do que o suficiente, só não vê isso.

Portanto, o caminho a ser trilhado antes de se relacionar é: ajuste-se, cure-se e relacione-se com êxito consigo mesmo, para que os relacionamentos que vierem sejam saudáveis.

Paixão X amor

Esse ponto não diz respeito somente a relacionamentos amorosos, mas a todo tipo de relacionamento. Por sinal, eu quero provar neste livro que há uma base e princípios que se aplicam a qualquer relacionamento, e que podemos, sim, ir mais fundo em cada área, porque todos partem de um mesmo princípio.

O que seria *paixão*? Quero trazer aqui algo que o Dr. Gary Chapman, autor do *best-seller As cinco linguagens do amor*, explica sobre a paixão:

> *A experiência da paixão não possui enfoque em nosso próprio crescimento, nem no crescimento e desenvolvimento do cônjuge. Dificilmente também fornece o senso de realização.*
>
> *Alguns pesquisadores, entre eles o psiquiatra M. Scott Peck e a psicóloga Dorothy Tennov, chegaram à conclusão de que a experiência da paixão não deveria, de forma alguma, ser chamada de amor. Dr. Peck concluiu que o apaixonar-se não é amor verdadeiro, por três razões:*
>
> ***Primeira:*** *apaixonar-se não é um ato da vontade nem uma escolha consciente. Não importa o quanto desejemos, não conseguimos apaixonar-nos voluntariamente. Por outro lado, mesmo que não busquemos essa experiência, ela pode, simplesmente, acontecer em nossa*

vida. Muitas vezes apaixonamo-nos no momento errado e pela pessoa errada!

Segunda: apaixonar-se não é amor verdadeiro porque não implica em nenhuma participação de nossa parte. Qualquer coisa que façamos apaixonados requererá pouca disciplina e esforço. Os longos e dispendiosos telefonemas realizados, o dinheiro gasto em viagem para ficarmos juntos, os presentes, e todo trabalho envolvido, nada representam. Da mesma forma que os pássaros constroem instintivamente seus ninhos, a natureza da pessoa apaixonada impulsiona na realização de atos inusitados e não naturais, de um para com o outro.

Terceira: a pessoa apaixonada não está genuinamente interessada em incentivar o crescimento pessoal daquela por quem nutre sua paixão. "Se temos algum propósito em mente ao nos apaixonarmos, é o de terminar nossa própria solidão e, talvez, assegurar essa solução através do casamento". A paixão não se focaliza em nosso crescimento pessoal e nem tampouco no da outra pessoa amada. Pelo contrário, a sensação é a de que já se chegou onde se deveria alcançar e não é necessário crescer *mais. Encontramo-nos no ápice da felicidade e nosso único desejo é continuar lá. E nosso(a) amado(a), naturalmente, também não precisa mais crescer, pois já é perfeito(a). Esperamos somente que ele(a) mantenha essa perfeição.*

Qualquer coisa que não é feita por amor, não dura. É apenas como o barulho de um sino: soa, mas vai perdendo a força e logo acaba.[1]

Por exemplo, pense nos relacionamentos gerados na "euforia" da faculdade. Quantos "amigos" são gerados nesse tempo? Ou são apenas colegas e conhecidos? Por que a euforia do momento acaba nos dando a falsa impressão de que estamos íntimos das pessoas, e assim, acabamos vivendo mentiras, não tendo profundidade para continuar o relacionamento?

O que fazemos na euforia (paixão) na verdade se mostra algo vazio. Precisamos usar o poder da escolha e, sem emoção, pensar nos pontos envolvidos, para que a escolha aconteça em uma base sólida e não seja algo passageiro.

Mentir para não perder

Quem mente para não perder já perdeu. Se há amor, o amor aperfeiçoado, fruto da escolha dos dois, não há medo da verdade. Onde há amor verdadeiro, não há medo.[2]

---

1 1 Coríntios 13:1.
2 1 João 4:18.

Há uma diferença muito grande entre *sentir* e *amar*. Há pessoas com grandes sentimentos, afinidades, mas sem amor. O amor é a decisão de alguém se entregar sem esperar nada em troca, doar-se e expressar o que for preciso.

Portanto, se não há segurança em expressar o que é necessário, como pode ser real?

Eu preciso, com inteligência e sabedoria, enfrentar os desafios que o amar propõe, e assim, ter um terreno firme para colocar o fundamento do relacionamento.

O fundamento

Não sei se você, leitor, busca crescer espiritualmente, mas é impressionante saber que hoje já não basta termos a inteligência intelectual e/ou inteligência emocional – temos que ter também a inteligência espiritual. Por isso, hoje em dia, nas entrevistas de emprego pergunta-se a religião da pessoa.

É fato que os que crescem espiritualmente desenvolvem habilidades que os que não buscam não têm, ou é mais raro de se ter.

Há habilidades intelectuais (sabedoria, inteligência e entendimento) e habilidades emocionais que são desenvolvidas a partir da busca espiritual em colocar em prática a Palavra da Verdade, que mostram o Caminho e trazem Vida Abundante. Veja que espetacular o que aqueles que buscam comunhão espiritual geram:

> *Mas o fruto do Espírito é: amor, alegria, paz, longanimidade, benignidade, bondade, fidelidade, mansidão, domí-*

nio próprio. Contra estas coisas não há lei. (Gálatas 5:22-23)

    O fundamento para relacionamentos é uma inteligência emocional gerada pela decisão intelectual de ser espiritual.

    O espírito pode ser intangível, mas ele interage conosco no dia a dia, e quanto mais investirmos no Espírito, mais frutos nós geraremos. Veja se o fruto do Espírito não é todo composto de inteligência emocional que vem de Deus: amor, alegria, paz, longanimidade, benignidade, bondade, fidelidade, mansidão, domínio próprio.

    Pare, pense, reflita e responda para si mesmo: "Eu gostaria de ter os meus relacionamentos baseados em amor, alegria, paz, longanimidade, benignidade, bondade, fidelidade, mansidão, domínio próprio?". Amizades assim, relacionamento entre esposo e esposa, pais e filhos, entre irmãos, na sua igreja, no ambiente corporativo – todos eles tendo como fundamento tais princípios? Isso é possível.

    Se começarmos a viver uma vida espiritual, na qual o Espírito de Deus gere isso em nós, qual será o nível dos nossos relacionamentos? Não estou falando de religião, estou falando de relacionamento com Deus. Relacionar-se com Deus gera frutos (lembra-se do que eu disse na introdução do livro? *Todo relacionamento gera frutos*).

    Portanto, o terreno que você escolheu e o fundamento que definiu darão o retorno de que tipo de relacionamento você poderá construir. Se o terreno é a mentira e você definiu que não quer relacionamento com Deus, daí sairão os relacionamentos e seus frutos. Mas se você escolheu o terreno da Verdade, definiu que quer se relacionar com Deus para gerar frutos deste relacionamento, você estabelecerá um fundamento, de sabedoria, inteligência e entendimento, aliado à inteligência emocional espiritual. O fundamento dos seus relacionamentos será: amor, alegria, paz, longanimidade, benignidade, bondade, fidelidade, mansidão, domínio próprio.

Princípios e Pilares
Princípios

Relacionamentos que são fundamentados em princípios extraordinários só podem ser extraordinários. Um fundamento robusto chama para si uma estrutura robusta e pilares robustos. Minha definição de princípios é: Porto Seguro, Instruções e Palavras de Sabedoria que norteiam a nossa vida. Quem escolhe caminhar por princípios tem para onde voltar quando algo não dá certo ou começa a sair dos trilhos, tem um norte.

Valores mudam, mas princípios são imutáveis. Exemplos a seguir:

Princípio	Valores atuais
• Família: homem, mulher e filhos.	• Família: cuidadores, filhos em sua maioria adotados ou gerados por métodos de laboratório.*

• A importância da bênção dos pais.	• Não é necessário.
• Refeições à mesa.	• Cada um no seu quarto ou sentado no sofá, assistindo televisão.
• Os filhos seguirem a vida espiritual dos pais.	• Cada um deve escolher o que deve seguir e os pais não podem interferir.
• Sexo somente depois do casamento.	• Precisa conhecer sexualmente antes de casar, não se pode segurar os impulsos sexuais.

*Estamos citando aqui a questão de homem com homem ou mulher com mulher que não podem coabitar e naturalmente gerar filhos, e não casais que fazem inseminação artificial por algum problema do homem ou que precisam recorrer ao procedimento. Todos sabem que homem com homem e mulher com mulher não geram filhos.

O grande desafio é trazer os valores para os princípios. Enquanto os valores estiverem atrelados a princípios, serão propagadores de edificação, construção e desenvolvimento.

Por isso, precisamos de princípios para viver, princípios que norteiem nossos valores, e não valores que estejam desconectados de princípios. Quando um valor se desconecta do princípio, vem a distorção e a deturpação do valor, gerando um desequilíbrio e uma desconstrução.

Princípios são objetivos e externos.
Valores são subjetivos e internos.

O princípio dá o norte para que um valor seja interiorizado e possa ter comportamentos atrelados a ele. Comportamentos buscam responder aos nossos valores. Portanto, os princípios que eu tenho geram os valores que vão definir meus comportamentos.

Esses princípios (amor, alegria, paz, longanimidade, benignidade, bondade, fidelidade, mansidão, domínio próprio) são fundamentos irrefutáveis e universais para que vivamos relacionamentos sadios e extraordinários. Com base nesse fundamento, podemos construir qualquer relacionamento, que este será bem-sucedido.

Pilares

O que dá sustentação a um edifício são os pilares, as colunas. Não é diferente com relacionamentos. Relacionamentos precisam de estrutura para se erguer e se manter.

Se há algo que precisamos que esteja funcionando perfeitamente em nossas vidas são os relacionamentos. Relacionamento é um instrumento que usamos por toda a nossa trajetória, para tudo que vamos fazer. Portanto, precisamos pensar em uma estrutura, num fundamento, e onde ele é colocado, como expliquei neste primeiro capítulo.

Ao longo de anos trabalhando e estudando o tema, descobri que esses pilares devem ser colocados em nossos relacionamentos para que eles sejam construídos e consolidados como relacionamentos extraordinários.

Milhares de pessoas já foram ministradas por esses princípios e têm obtido resultados fantásticos, ao entenderem a importância de termos base, fundamento e estrutura para relacionamentos. Esses pilares são: amizade, confiança, aliança e intimidade.

Abaixo uma figura que sintetiza o que foi abordado neste primeiro capítulo:

ELEMENTOS DE UM RELACIONAMENTO EXTRAORDINÁRIO

- INTIMIDADE — 4o.
- ALIANÇA — 3o.
- CONFIANÇA — 2o.
- AMIZADE — 1o.

amor, alegria, paz, longanimidade, benignidade, bondade, fidelidade, mansidão, domínio próprio — FUNDAMENTO

VERDADE — BASE

PILARES

PRINCÍPIOS PARA VIVER

A partir de agora, aprofundaremos detalhes sobre cada pilar para entendermos a importância de cada um em nosso dia a dia, e como podemos trabalhá-los de forma simples e objetiva.

2º CAPÍTULO

PRIMEIRO PILAR: AMIZADE

| PRIMEIRO PILAR: AMIZADE |

> *Em todo tempo ama o amigo, e na angústia se faz o irmão. (Provérbios 17:17)*

Há uma frase que certamente você se lembra de ter escutado, que é: — Eles são seus colegas, não seus amigos. Amigo é diferente! Nossos avós, pais e tios se preocupavam com a nossa ânsia em ter amigos e com a possibilidade de nos frustrarmos em perceber que esses que chamávamos de amigos não o eram realmente. O fato é que procuramos ter amigos, não colegas. Nós queremos algo mais dos nossos relacionamentos, e é algo que desde crianças já ansiamos.

Pode parecer estranho que o primeiro pilar do relacionamento seja uma coisa tão óbvia, amizade, mas é interessante notar que, mesmo parecendo tão óbvio, todos nós sabemos que não temos tantos amigos assim.

A máxima que aprendemos já na infância é verdadeira, e nos ensina que o relacionamento genuíno tem que começar pela amizade.

Amizade desde o princípio

Quando eu olho para a criação do homem, vejo algo interessante: Deus visitava o homem todos os dias, na viração do dia. Por que será que Deus fazia isso? Porque Ele queria relacionamento com o homem.

Amizade se constrói com a presença, que pode não ser física, mas deve ser presença. Ela pode perdurar à distância, mas para que ela nasça, a presença é requerida.

Amizade se desenvolve no conhecimento do outro, de ouvir a história, de conhecer a família, de vínculos sendo criados. Lembra que relacionamento é uma conexão? A amizade é a primeira ponta dessa conexão.

Deus tinha essa preocupação, de estar desenvolvendo algo diferente com o homem. Não apenas uma ordem de cuidado com o jardim, não apenas responsabilidades, mas um vínculo mais profundo com aquele que criou.

Amizade tem limite?

Amizade gera liberdade. Há uma liberdade que só os amigos têm. E o homem (Adão, no caso) sentiu essa liberdade e não levou em conta algumas condições que Deus impôs para que ele fosse bem-sucedido em sua jornada.

Deus se colocou como Amigo, mas em nenhum momento deixou de ser Senhor. Só que para o homem, sim. E foi nesse momento que as coisas mudaram.

Aprendi com um grande amigo, Ap. Gilson Matias, que ao ler o livro de Gênesis vamos deparar com o exato momento em que Deus precisou deixar claro que Ele era o Senhor.

Se você analisar bem, no capítulo primeiro de Gênesis, a Bíblia cita Deus apenas como *Deus*, mas a partir do capítulo dois, já menciona Deus como Senhor. No capítulo três, vemos a serpente referindo-se ao Senhor Deus apenas como *Deus*, e a mulher repete essa expressão. Você pode estar se perguntando "O que isso tem a ver com o assunto que você está abordando?".

Simples: amizade verdadeira sabe o seu limite. E quando os limites são desrespeitados, a amizade é abalada. Nós perdemos o nosso "jardim de convivência", e em alguns casos somos expulsos da vida da pessoa.

Esses limites são estabelecidos em cada relacionamento, e se não são estabelecidos, não é uma amizade. Amizade precisa de limites, pois só assim, cada um saberá até onde pode ir para não ferir o outro.

Comece a pensar naqueles que são seus amigos, escreva o nome deles, e ao lado veja quais são os limites de cada um. Talvez você nunca tenha pensado nisso, mas, ao escrever, perceberá as vezes que eles ficaram chateados com você, e muitas vezes nem sabia o porquê, e foi exatamente porque ultrapassou os limites.

Compartilhando vida
Lembro de uma vez que sentei com alguns amigos que não via há bastante tempo, e começamos a conversar. É impressionante perceber quanta conversa e quanta história surge quando sentamos para "bater papo" com amigos.

Amizade é compartilhar vida – e não somente histórias ou coisas semelhantes, mas compartilhar vida *na essência*. Essa força que a amizade tem provoca um sentimento forte no peito quando conversamos, quando nos vemos, nos abraçamos, ou apenas citamos o nome da pessoa. É algo que nasce dessa conexão que acontece por afinidades e também por outras situações.

Desde cedo fui uma pessoa que gostava de me conectar com pessoas. Sofri muito por achar que todos eram meus amigos. Várias pessoas que eu achava que eram amigas eram, na verdade, *colegas*, ou nem vínculo tinham! Só pelo fato de conversarem um pouco ou até mesmo brincarem comigo por um tempo, já me fazia pensar: "Olha, ele é meu amigo!"

Minha filha Marjorie sofre desse problema. Algumas vezes temos que sentar com ela e explicar essa diferença, para que comece a criar o conceito correto em seu coração, e não sofra como eu sofri.

Amigos compartilham vida. Nos momentos difíceis, estão ali, e também nos alegres. Quer saber quem realmente é seu amigo? Conte sua promoção no trabalho, mostre seu carro novo, fale de suas conquistas. Se ele se alegrar com você, de coração, sinceramente, ali você tem um amigo.

Jesus disse algo sobre amizade:

> *Ninguém tem maior amor do que este:*
> *de dar alguém a própria vida em favor*
> *dos seus amigos. (João 15:13)*

Amigos são encontrados quando precisamos compartilhar vida, e feito isso uma vez, é selado o vínculo de amizade. A partir daí, começamos a viver em um compartilhar de vida, seja da vida do outro, seja da nossa própria, fazendo com que a vida de todos os envolvidos no relacionamento seja melhor e mais fácil.

Quando encontramos amigos, é porque a amizade verdadeira ama em todo o tempo; já o amor fraterno de irmão nasce em meio a dificuldades.[1] Cria-se o vínculo fraternal, nasce o senso de que a pessoa é da família.

Preste atenção nesta história: eu vou a muitos congressos – isso faz parte da minha rotina há 15

---

[1] Provérbios 17:17.

anos. Em alguns deles, havia um rapaz que ministrava louvor – ele é ministro de louvor, como eu; e eu olhava para ele e dizia: "Puxa, um dia eu também vou ministrar em congressos!" Confesso que, às vezes, eu pensava isso até com aquele sentimento de querer estar ali no lugar dele. Bem, isso já passou há muito tempo.

Certo ano, houve um congresso em que os presentes seriam ministrados como filhos de pastores, e para minha surpresa, quando eu estava sentado ali para ser ministrado, quem senta ao meu lado? Ele, o ministro que citei.

Em diversos momentos da ministração, o ministrador diz: "Olhe para o lado e diga tal coisa, abrace", e tudo mais. Quando me virava para o lado dele, ele nem virava para mim, só olhava para o outro lado, no qual, provavelmente, estavam seus amigos e conhecidos. Eu, sempre empolgado para me relacionar, virava sempre para o lado dele, e nada.

Passados três dias de ministração, eu não tinha conseguido falar com ele nenhuma vez. Pensei: "Que coisa! Três dias sentado perto do cara, e ele não falou comigo nenhuma vez?" Nasceu ali uma mágoa para com ele.

Todas as vezes que eu o via ministrar depois daquele dia, meu coração não era mais o mesmo, e me deixei tomar por aquela mágoa.

Em um dos congressos, Deus falou comigo para liberar perdão para ele, mesmo sem conseguir falar diretamente (até porque ele nem sabia do ocorrido), e assim o fiz. Então, me senti melhor, e segui em frente.

Em 2011, eu estava em mais um congresso sendo ministrado poderosamente por Deus, quando decidi (sei que foi coisa de Deus) caminhar pelo local da ministração, e orando e caminhando, fui passando por todo o local, quando, de repente, quem eu vejo? O tal ministro. Meu coração até começou a bater mais rápido, e ali eu vi a oportunidade de falar com ele. Ele estava chorando muito também e percebi que era o momento de falar.

Eu o abracei e contei o ocorrido, pedindo perdão pessoalmente. Choramos muito e saímos para conversar. Surgiu ali uma amizade extremamente forte, algo com propósito, e até hoje ministramos juntos. Virei o guitarrista dele (como ele diz), e desenvolvemos nossa amizade de uma forma linda, na qual pudemos entender que amigo compartilha vida.

Ele até mesmo gravou comigo em um dos CDs do meu ministério, e estamos juntos para o que der vier. Leandro Cruz, te amo meu amigo.

O Dr. Flávio Gikovate tem uma definição fantástica sobre amizade:

> *A amizade corresponde a um elo sentimental forte e que surge entre duas pessoas, ao que parece, em função de alguns dos ingredientes que nem sempre estão presentes no processo do encantamento sentimental. A simpatia costuma acontecer mais ou menos rapidamente, um achando graça no modo de ser, de falar, de rir e de pensar do outro e isso é parecido com o que acontece no amor.*
>
> *As afinidades intelectuais surgem mais ou menos rapidamente à medida que*

| PRIMEIRO PILAR: AMIZADE |

o relacionamento se aprofunda e é a principal causa dessa intimidade crescente que caracteriza esse que talvez seja o encontro sentimental mais maduro e mais distante dos elos sentimentais infantis. Pena não estar presente na maioria das relações ditas amorosas.

Aqui predomina o respeito pelas diferenças, e o modo de ser de cada um determina um rápido processo de confiança recíproca; a intimidade mais delicada costuma ser compartilhada sem medo que o amigo venha a fazer um uso inadequado da confidência. Trata-se de um tipo de relacionamento desprovido de "jogo": amigos não buscam obter vantagens indevidas nesse tipo de relacionamento.

As relações de amizade incluem alguma dose de ciúme e muito pouca inveja, posto que costumam acontecer entre pessoas que estão em condições socioculturais semelhantes. Quando existe algum indício de inveja, ela é vivida intimamente, evitando ao máximo magoar aquele que está feliz por alguma conquista especial. O ciúme existe, mas é discreto, de modo que melhores amigos têm outros amigos também íntimos e isso não os maltrata e nem impede que a amizade e a confiança persistam. Entre os que se amam da forma usual, o ciúme costuma se manifestar de uma forma opressiva, dando mesmo o direito dos amantes de exigir o afastamento de todas as pessoas que possam provocar essa sensação desagradável.

A propósito, uma das principais características desse tipo de relação é que a existência do vínculo e do sentimento que o caracteriza não atribui aos amigos direitos de um sobre o outro. Amigos não "cobram" como cobram os que se amam. Amigos se respeitam e não exigem comportamentos que firam a liberdade e o modo de ser do outro. Amigos muitas vezes se afastam por tempo longo, e o curioso é que, quando se reencontram, parece que estiveram juntos na véspera! A intimidade se refaz imediatamente e não existem questionamentos que indiquem que um deve satisfações ao outro do que andou fazendo e com quem esteve. Amigos respeitam os relacionamentos amorosos que surgem em paralelo e não costumam competir com aqueles que são objeto do amor. O ciúme, quando existe, é maior de outros amigos do que do parceiro amoroso.

É como se houvesse um genuíno respeito hierárquico através do qual todos estão de acordo que as relações amorosas são mais importantes que as amizades, de modo que não há competição entre esses dois tipos de sentimentos. O fato curioso é que muitos relacionamentos amorosos incluem intimidades bem menores do que aquela que continua a existir entre amigos. É como se, apesar de tudo, as pessoas confiassem mais em seus amigos do que em seus amados; é como se um amigo tivesse menos chance de trair ou usar mal a confidência que o amado.

Amigos, de fato, não se traem. Muitas dessas relações se enfraquecem com os anos por força de caminhos divergentes tomados por cada um ou em decorrência de relacionamentos afetivos em que os novos parceiros não se dão tão bem com os velhos amigos do amado (ou com suas parceiras); quanto mais gente estiver envolvida, maior será a dificuldade no sentido de todos serem igualmente amigos. Quando algum amigo trai nossa confiança é porque nos equivocamos e, sem nos apercebermos, confiamos em algum impostor que, bom ator, se fez passar por "amigo" quando não o era desde o início.

O real sentido de um relacionamento

Qual seria o real sentido de um relacionamento? Servir o outro. O real sentido de um relacionamento é *servir*. A capacidade que eu tenho de servir vai definir a minha capacidade de me relacionar.

Olhe para o fundamento que coloquei na introdução. O fruto que é gerado em mim nada mais é do que ferramentas para edificar, construir e me relacionar com os outros. Eu não preciso de amor só para mim. Eu não preciso de alegria só para mim, eu não preciso ser bom apenas comigo, ter domínio próprio apenas comigo. Relacionar é servir com o que sou, com o que faço e tenho. Quando eu entendo isso, saí das garras do egoísmo e vivo um novo nível em meus relacionamentos.

A primeira ponta

Quando surgiram os quatro pilares, eu estudei muito o tema, pesquisei e vi como era revelador o princípio dos 4 pilares.

A primeira ponta, a primeira coluna, é algo que podemos chamar de "achar o baú do tesouro", pois quem acha um amigo, acha um tesouro. A beleza desse princípio está em que eu posso construir essa amizade na verdade.

Quando saímos do nível da infantilidade nos relacionamentos, começamos a viver esses relacionamentos com maturidade, um resultado alcançado por aqueles que escolhem desenvolver seu relacionamento em níveis diferentes de terem apenas uma conversa ou algo parecido, mas de criar um vínculo mais profundo.

Tudo começa na amizade – qualquer relacionamento deve começar por aí. Mais adiante, aqui no livro, você vai entender isso melhor. Mas preciso que você entenda que o primeiro esforço é desenvolver a *amizade*.

Há alguns provérbios que nos dão dicas de como estabelecer essa conexão fantástica que é a amizade:

| PRIMEIRO PILAR: AMIZADE |

> *O olhar do amigo alegra ao coração; as boas-novas fortalecem até os ossos. (Provérbios 15:30)*

Sei que você entende este provérbio. Quanta alegria no nosso coração quando vemos um amigo! Quando você volta de viagem e encontra um amigo esperando seu retorno; quando você está precisando de uma atenção e um amigo chega subitamente.

Amigos gostam de trazer boas novas, de trazer boas notícias que nos fortalecem e fazem vencer desafios. É claro que todos têm aqueles amigos que não sabem falar muito, que chamamos de "sem noção", mas fazemos questão de tê-los por perto em todo tempo.

> *O homem que tem muitos amigos sai perdendo; mas há amigo mais chegado do que um irmão. (Provérbios 18:24)*

Amigo é seleção. Não teremos *todas as pessoas* que conhecemos como amigos, mas teremos muitos amigos, e alguns que serão mais amigos ainda.

Tenho que usar o exemplo do Mestre e Mentor maior, Jesus. Ele tinha 12 amigos, sendo três deles mais chegados, e um que decidiu ser íntimo Dele.

Portanto, nós teremos *níveis* de amizade, e saberemos que alguns também decidirão qual o nosso nível como amigos deles.

> *Como o ferro com o ferro se afia, assim, o homem, ao seu amigo. (Provérbios 27;17)*

Amizade é um instrumento de ajuste em nossa vida. Pelo fato de sermos diferentes, os amigos causam em nós transformações. Somos melhores quando caminhamos como amigos. Somos afiados para viver o melhor, com amigos ao nosso lado.

Escolhendo caminhar juntos

Eu tenho o privilégio de ter uma equipe comigo há muitos anos. Da mesma forma que Jesus teve os Seus doze discípulos, eu escolhi imitá-Lo, e também forjar 12 homens para compartilhar minha missão e propósito, e ajudá-los a viver também sua missão e propósito.

Claro que essa equipe passou por algumas transformações durante esses anos, mas na sua maioria e essência, caminhamos juntos há muito tempo.

Deus me deu a graça de ter não apenas esta equipe de 12, mas ter equipes junto comigo. Escolhi viver relacionamentos, pois este foi o investimento de Deus em mim. Ele decidiu relacionar-Se comigo, e eu quero retribuir, buscando me relacionar com pessoas e caminhar junto com elas.

Caminhar junto é escolher caminhar em relacionamento e fortalecer esse vínculo de amizade em todo tempo.

Amizade não nasce e se consolida sozinha – ela precisa ser regada, ampliada e chegar a outros níveis para se perpetuar. Sendo a amizade uma caminhada, há degraus para subir, obstáculos para derrubar. É um processo que se estabelece para que essa jornada seja bem-sucedida.

Quando falamos de escolha, falamos de decisão. Amar é decisão. Amar é entender que eu não posso estar com a pessoa pelo que ela tem, mas sim pelo que ela é, não pelo que a pessoa pode me dar, mas por aquilo que ela representa para mim.

Não existe amizade de um lado só, por exemplo, "ele é meu amigo, mas eu não contei para ele ainda". Amizade é uma decisão de caminhar lado a lado, mesmo à distância, saber que há alguém com quem você pode contar.

Não podemos banalizar a palavra *amigo*. Nas redes sociais, todos que estão ali são chamados de "amigos", mas a maioria não é seu amigo, e creio que você sabe disso.

Uma das coisas que talvez o *WhatsApp* tenha trazido é uma seleção melhor disso, pois ao pegar o telefone ou ter o telefone de alguém, você pode aproximar mais a pessoa de um conceito real de amizade (mas é claro que não são 100% de pessoas na sua lista de contato que serão seus amigos).

Amigo requer caminhada junto, tempo e provas de que existe a real conexão do relacionamento.

Amizade é a primeira ponta. Até o final do livro, creio que você identificará os "amigos íntimos".

Mas eu tenho problemas em me relacionar

Creio que um dos motivos por que diversas pessoas vão adquirir este livro será este problema: iniciar um relacionamento com alguém.

Eu vou dar algumas dicas que vão ajudá-lo, mas recomendo que você busque um processo de *coaching* (entre em contato conosco) para lidar com as crenças limitantes por trás dos comportamentos que impedem sua aproximação com pessoas. Estas dicas devem ser seguidas diariamente, durante no mínimo 21 dias, para que comecem a surtir efeito:

1. Levante cinco crenças limitantes que você tem ao pensar estar perto de alguém ou quando tenta se aproximar.
Exemplos: "Ninguém nunca vai gostar de mim", "As pessoas não gostam do jeito que eu falo", "Eu afasto as pessoas com os meus problemas".

2. Ao lado de cada crença limitante, escreva uma frase-antídoto.

Ninguém nunca vai gostar de mim.	Eu serei amado por cada pessoa que conhecer.
As pessoas não gostam do jeito que eu falo.	Eu tenho um jeito único de falar, e isso atrairá pessoas.
Eu afasto as pessoas com os meus problemas.	Eu sou uma pessoa resolvida, e vencerei cada desafio que tenho.

3. Todos os dias, vá para a frente do espelho e repita as frases-antídoto. Acrescente estas:
- ✓ Eu me amo.
- ✓ Eu tenho muito valor.
- ✓ Eu sou corajoso.

✓ Eu mereço uma vida abundante, cheia de pessoas certas ao meu lado.

Este processo é chamado de *Comandos para a Alma*. Precisamos assumir o controle, e não deixar que ela nos controle.

4. Depois dos *Comandos para a Alma*, fique por 40 segundos (pelo menos) na posição "Super-Homem" ou "Mulher-Maravilha".

Já foi comprovado que essa posição aumenta a nossa autoconfiança, pois comunica para o cérebro pensamentos que fortalecem.

5. Depois de pelo menos sete dias fazendo os *Comandos para a Alma*, aborde um desconhecido por dia e busque conversar, estabelecer um "bate-papo".

Observação: selecione bem o lugar e a pessoa em quem você aplicará este exercício para que não haja surpresas desagradáveis. Procure sempre lugares públicos e abertos.

Se você fizer os exercícios acima, começará a experimentar transformações extraordinárias de comportamento e a dar passos significativos para relacionamentos extraordinários.

Se, mesmo fazendo os exercícios corretamente durante 21 dias, você não conseguir vencer, entre em contato comigo pelo *e-mail*: euquero@principiosparaviver.com.br.

Desafio para o extraordinário

Quero fazer um desafio a você, de compartilhar este texto com aqueles que escolheu como amigo e que sente que também escolheram-no como amigo.

| RELACIONAMENTOS EXTRAORDINÁRIOS |

Ser lembrado como amigo mexe com o nosso coração e nos impulsiona a continuar a viver relacionamentos, por isso gostaria que você fizesse isto.

> *Querido amigo*
> *(coloque o nome do seu amigo aqui),*
>
> *Eu quero agradecer a você por todo esse tempo que já temos caminhado juntos. Gratidão por estar comigo em meus desafios, e minhas alegrias, e por fazer parte da minha história.*
> *Quero dizer o quão importante você é para mim, e o quanto fico muito feliz por termos um álbum tão lindo de momentos que vivemos juntos.*
> *Que a nossa amizade se renove a cada dia, e que possamos viver grandes momentos ainda.*
> *Do seu amigo,*
>
> *Seu nome.*

- Ao ler este pequeno texto, creio que você vai conseguir filtrar muitas pessoas do seu rol de contatos, pois estamos falando de coisas que exigem muito mais do que um companheirismo ou coleguismo. Você só enviará este texto para amigos genuínos.

3º CAPÍTULO

SEGUNDO PILAR: CONFIANÇA

| SEGUNDO PILAR: CONFIANÇA |

Alegro-me porque, em tudo, posso confiar em vós. (2 Coríntios 7:16)

Após a amizade se desenvolver, entramos em um ponto crucial, um pilar importantíssimo para qualquer relacionamento: confiança. Confiança é chave para que a amizade continue crescendo, e para que o relacionamento se aprofunde ainda mais e ganhe novos níveis.

Confiar tem a ver com crer, com acreditar naquilo que se conhece e que se tem estima. Não se confia em alguém que não se conhece ou de quem não se tem a imagem confiável. Por ser pastor de uma comunidade e também por ser *coach*, entendo bem isso.

Há pessoas que só cumprimento e falo aos domingos, mas que, por me verem pregando em todos cultos, vão ao meu gabinete e abrem seu coração, porque me percebem como alguém confiável por causa do meu testemunho e por aquilo que prego. Como *coach*, instantaneamente ganho a confiança do *coachee* ao começar o processo, logo depois da primeira sessão, na qual nos conectamos por meio da história da pessoa e do processo que vamos fazer. É interessante, pois isso é gerado pela empatia por ter sido escolhido como *coach* e pelo acordo que fazemos antes mesmo de começarem as sessões, proporcionando um ambiente propício e seguro para que ele se abra para as transformações que perceberá serem necessárias.

Posso dizer que, se confiar tem a ver com ter fé, por que a fé vem pelo ouvir[1], temos que tomar muito cuidado com o que ouvimos e quando ouvimos. Quando estou fragilizado, uma palavra pode roubar meu coração e obter minha confiança muito mais rapidamente.

Há muitas pessoas que aproveitam a dor das outras para se dar bem e ter a confiança delas. Uma sugestão é: quando estiver passando por um problema, procure alguém que já tenha caminhado com você, pois se essa pessoa não puder ajudar, indicará alguém de confiança para que ouça e oriente você. Interessante, neste caso, ver que mais uma vez relacionamentos são necessários para que possamos atravessar as crises. Lembre-se: relacionamentos são abrigos no dia mau.

Eu gosto muito de fazer algo: escolher palavras, e pela construção que elas têm, trazer um significado diferente para elas. Por exemplo, a palavra compromisso. Para mim, a palavra compro-misso tem um sentido de "comprar a missão que foi dada", de literalmente assumir algo, ter como sua a missão que lhe foi confiada. Veja então a palavra, con-fiar; quando falamos em "fiar" (que no seu sentido primeiro, fala de crer e acreditar), estamos nos referindo ao processo de tecer um tecido, juntar fios, juntar coisas. A confiança passar por este processo – juntando diversos fatores, podemos, então, confiar em alguém.

A amizade nos mostra esses "fios": o caráter, a personalidade, a história, a palavra, o exemplo, e junta-se tudo isso como confiança.

---

1 Romanos 10:17.

Se eu quiser levar um relacionamento para o próximo nível, isso só acontecerá se houver confiança. Este segundo pilar é desenvolvido passando pela amizade, ou seja, aquilo que é passado como imagem para a pessoa.

Confiar é um risco. E devemos estar resguardados para que não haja decepções desnecessárias em nossa história. Abrir o coração para uma pessoa que você não conhece é no mínimo um atestado de "eu quero ser decepcionado". Não se abre a casa para quem não é conhecido. Tem aquele "olho mágico" na porta para que você veja para quem está à porta antes de abri-la. Por que não ser assim também para com o seu coração?

Diz-se que é muito difícil confiar em alguém, mas basta uma situação acontecer para você não confiar mais. Quando a confiança é quebrada, o que realmente se quebra é a imagem que foi construída daquilo que se via, ouvia e sentia. Até ali, eu sabia algo, até o ponto em que algo novo, que eu não sabia, foi percebido, algo que foi escondido, algo que foi colocado à mercê para que o relacionamento pudesse seguir em frente. Achamos que ao esconder estamos protegendo o relacionamento, mas, na verdade, é o contrário que acontece: o relacionamento é enfraquecido e fica frágil quando algo é escondido.

A confiança é a base de todas as conexões humanas

A escritora americana Peg Streep escreveu algo interessante sobre confiança:

A confiança é a base de todas as conexões humanas, de encontros casuais a amizades e relacionamentos íntimos. Ela governa todas as interações que temos uns com os outros. Ninguém poderia dirigir um carro, andar por uma calçada, subir a um comboio ou a um avião, se não "confiássemos" que outras pessoas assumiriam as suas responsabilidades com seriedade e obedeceriam às regras que se aplicassem ao empreendimento em questão. Confiamos que outros motoristas permanecerão em suas pistas, que condutores e pilotos serão sóbrios e alertas. E que as pessoas geralmente farão o melhor para cumprirem suas obrigações para conosco. Cultura, civilização e comunidade dependem de tal confiança.

Como escreve SIMPSON (2007):

A confiança envolve a justaposição das mais elevadas esperanças e aspirações das pessoas com suas mais profundas preocupações e medos.

Esta descrição deixa claro por que tantas pessoas têm dificuldade em confiar: para elas, os benefícios da proximidade e intimidade são ofuscados pela possibilidade da dor e traição.

As avaliações iniciais sobre se alguém é digno de confiança – a resposta à pergunta "amigo ou inimigo" – acontecem automaticamente, fora da nossa cons-

| SEGUNDO PILAR: CONFIANÇA |

ciência, graças à nossa história evolutiva. A verdade, porém, é que mesmo no contexto de relacionamentos íntimos, nossas respostas são o resultado de modelos de trabalho que não percebemos conscientemente.

A capacidade humana de confiar não é aplicada em pé de igualdade – algumas pessoas são capazes de confiar mais facilmente do que outras e são, de fato, melhores em ser confiáveis e julgar a confiabilidade.

Mais uma vez, a natureza do apego aos nossos pais na infância – seja ela segura, seja insegura e, dentro da categoria insegura, ansiosa ou evitadora –, determina o quanto confiantes nós somos, porque esses primeiros apegos fornecem o modelo de trabalho de como vemos o mundo e as pessoas nele.

Quando uma criança que aprende a lição de que as pessoas próximas a ela são confiáveis, que a amparam e cuidam, vai para o mundo, tem apresentações mentais e expectativas sobre a interação humana muito diferentes de uma criança cuidada com insegurança. Essa questão da base segura, de acordo com Mario Mikulincer e seus colegas, tem três componentes:

- A suposição de que, se precisar de ajuda, pode recorrer a alguém em quem confia.
- A suposição de que, se precisar de apoio, sua pessoa próxima estará lá para torná-la feliz e dar o apoio que busca.
- O reconhecimento de que será confortada e aliviada pelo apoio que lhe é dado.

Todas essas suposições dependem e reforçam a capacidade de confiar. Em contraste, os que estão ansiosamente ligados, aqueles expostos a uma mãe ou pai que é inconsistente – ou seja, às vezes é uma fonte de conforto e às vezes é ausente – se preocupam que seu parceiro não estará disponível ou responsivo em um momento de necessidade. Eles não confiam neles para estarem presentes e estão ansiosos por confiar neles.

O indivíduo evitado - alguém que foi negligenciado, rejeitado ou mesmo abusado e evita o contato próximo – permanece longe de confiar em alguém que o ajude, porque não confia em ninguém, e faz o que pode para permanecer autônomo.

Tenha em mente que essas representações mentais não são uma função do processo consciente. Confiança (ou a falta dela) não é algo produzido por meio de processos de pensamento racionais, mas algo processado de acordo com um *script* mental que nem sequer sabemos que seguimos, a menos que tenhamos sido acompanhados em terapia ou tenhamos chegado a uma compreensão real de como nossas experiências de infância nos afetaram. Mesmo assim, no momento em que vivenciamos determinadas situações, podemos não reconhecer os padrões que as caracterizam.

Uma série de experimentos de Harriet S. Waters e Everett Waters foi surpreendentemente clara em suas descobertas sobre como esses roteiros ou representações mentais funcionam.

Os participantes receberam uma lista de palavras e foram convidados a escrever uma história usando-as.

| SEGUNDO PILAR: CONFIANÇA |

Um conjunto de palavras foi dado como exemplo do que seria parte da rotina matinal dos participantes do experimento: bebê, mãe, brincadeira, cobertor, abraço, sorriso, história, fingir, ursinho de pelúcia, perdido, encontrado e cochilo. Aqueles cujas bases eram firmemente conectadas contaram histórias que estavam, geralmente, cheias de interação materna para com um bebê feliz e satisfeito, juntamente com abraços e sorrisos, ou um ursinho de pelúcia que foi momentaneamente perdido e depois encontrado.

Não aconteceu o mesmo com os inseguros, que várias vezes demonstraram nervoso, e era um grupo formado por mães que se distraíram e perderam algo, como o ursinho de pelúcia, ou que viram seu bebê brincar com o cobertor sozinho no berço e decidiram contar uma história para fazê-lo dormir, mas mudaram de ideia quando não encontraram o ursinho de pelúcia, e assim o bebê adormecera sozinho em seu berço. Durante a narrativa desse segundo grupo, as palavras "abraço" e "sorriso" não foram usadas pelos participantes.

Os experimentos também usaram exemplos pertencentes a situações adultas – um acidente de carro, por exemplo –, e acharam as narrativas consistentes, dependendo se os sujeitos tinham uma base segura ou não.

Em um esforço para ir além da técnica das palavras de exemplo, Mikulincer e sua equipe de pesquisadores, realizaram oito experimentos para estudar o *script* de base segura e descobriram que ela fornece o quadro por meio do qual as pessoas processam informações sobre seus relacionamentos, incluindo expectativas, memórias e julgamentos.

Pessoas com uma base segura são mais aptas a serem capazes de detectar comportamentos de cuidado e são mais precisas em suas percepções de parceiros; também são mais rápidas em entender e perdoar se um parceiro as desaponta de alguma forma.

Como nossas representações mentais são automáticas e não conscientemente percebidas, podemos combater seu efeito sobre como interpretamos eventos e ações, trazendo-os para a consciência.

Se você tem problemas em confiar nas pessoas, pode lhe ser útil concentrar-se no que você está tornando consciente. Você está interpretando corretamente as palavras e os gestos de seu amigo ou parceiro? Ou tende a interpretar erroneamente as pistas e os comportamentos que indicam que ele ou ela realmente estão ao seu lado?

Você está respondendo ao seu *script* internalizado ou está respondendo ao que está acontecendo em tempo real? É o seu *script* que está em ação ou as pessoas que você está escolhendo para se associar? Elas são previsíveis? Você pode contar com elas? E se não pode, por que não?

Como alguém que, em primeira mão, sentiu a picada da traição, eu sei que nem sempre é fácil confiar. Mas gostaria de pensar que ainda estou aberto às possibilidades que cada relação próxima oferece, e que, nesse momento, o roteiro esfarrapado legado da infância pode ser jogado no lixo ao qual pertence. E é nesse ponto que entra algo que se desenvolve como uma patologia: a pistantrofobia. Vamos conhecer mais de perto esse tema.

Pistantrofobia, o medo de confiar em alguém

Muitos já sentiram que em algum momento sua confiança foi comprometida. Esse tipo de experiência pode ser muito dolorosa, e a partir daí o medo de acreditar novamente em alguém é bastante comum, e tem nome: *pistantrofobia*.

Pessoas que já passaram por um relacionamento traumático podem dizer que jamais voltarão a confiar em alguém. Muitas vezes essa profecia se confirma por opção própria, mas, em alguns casos, pode se tornar realidade pelo simples medo que a pessoa mantém de voltar a confiar em outra.

De acordo com a pesquisa do *The Normal Bar*, a mais extensa já realizada no mundo quando o assunto é relacionamento romântico, os homens confiam mais do que as mulheres. Entre as mais de 100 mil pessoas entrevistadas, 53% dos homens disseram confiar em suas parceiras, enquanto apenas 39% delas referiram ter essa confiança.

O medo extremo é identificado quando a pessoa chega a ter problemas físicos só de pensar em confiar e se machucar, evitando estar em uma relação justamente por causa desse receio de quebra de confiança.

Uma das coisas que nasce da quebra da confiança é a vingança. Queremos "pagar com a mesma moeda", porque acabamos sendo movidos pela dor.

É necessário que as nossas emoções sejam ajustadas antes de querermos fazer qualquer coisa, para que as nossas motivações sejam corretas.

Como confiar em alguém novamente?

Esse é um processo desafiador e requer muita inteligência emocional, e até mesmo o acompanhamento de um conselheiro para que você tenha êxito em sua jornada.

Quero aconselhar você com a perspectiva de escolher permanecer com a pessoa, continuar o relacionamento, e não quebrá-lo. Se estiver escolhendo romper um relacionamento, use essas instruções no que fizer sentido para você. Meu desejo é que você tenha relacionamentos saudáveis, Portanto, minhas palavras são de cura e ajuste, e não de quebra do relacionamento.

Destaco os pontos a seguir como parâmetros que servem para qualquer tipo de relacionamento (pessoal, amoroso, fraternal, ministerial, corporativo...).

- **Entenda que a imagem que você tinha morreu e que precisa ser reconstruída.**

Abordo muito essa questão nos casos de aconselhamento de pessoas que vivenciaram a traição. Pense comigo: a imagem que você tinha da pessoa se foi, nenhuma palavra faz sentido, tudo ficou desconexo e você tem dificuldades de se conectar novamente com aquela pessoa, porque a imagem que tinha dela ruiu – e posso afirmar que literalmente morreu. Eu convido a pessoa, e você que está passando por isso, a viver o processo de luto.

Elisabeth Kübler-Ross descreveu os cinco estágios popularmente conhecidos como *Os Cinco Estágios do Luto* (ou da Dor da Morte, ou da Perspectiva da Morte):

| SEGUNDO PILAR: CONFIANÇA |

1. Negação e isolamento: "Isso não pode estar acontecendo";
2. Cólera (Raiva): "Por que eu? Não é justo";
3. Negociação: "Me deixe viver apenas até meus filhos crescerem";
4. Depressão: "Estou tão triste; pra que me preocupar com alguma coisa?";
5. Aceitação: "Tudo vai acabar bem".

No processo de traição, o mesmo roteiro é experimentado. Se ficarmos parados em qualquer das etapas desse processo de luto, podemos ter problemas em reconstruir a nós mesmos e a outros relacionamentos.

- **Perdoe**

Independentemente de uma reconciliação ou não, perdoe. O perdão não é um processo fácil; dói exercê-lo, mas é necessário exercê-lo para que você se desvincule da pessoa, da imagem que tinha, para, então, abrir espaço para a imagem que será construída.

Nós temos um padrão de pensamento em relação à traição ou perda de confiança que é: "a pessoa plantou, tem que colher". Eu creio que podemos arrancar o que foi plantado – mediante o arrependimento e a transformação de atitudes, a pessoa pode arrancar o que se plantou, e começar um novo plantio, de coisas novas e benéficas.

Encare o processo. Valerá a pena.

- **Estabeleça novos termos**

É provável que o que estava em acordo não foi cumprido.

Todo relacionamento tem a ver com protocolo. Se ele não foi honrado, dificilmente será seguido depois da traição.

Assim, estabeleça um *novo acordo* e coloque *indicadores* que possam ser medidos para que você constate o avanço da pessoa em direção ao novo tempo determinado. Deixe a pessoa propor transformações de comportamentos e até mesmo de ambiente.

- **Abra espaço para o futuro**

O passado não será igual ao futuro. Primeiro, porque você decidiu agir diferente, e, segundo, porque estabeleceu um novo acordo.

Novas atitudes garantem um futuro diferente.

Como ser alguém de confiança?

Aqui vão algumas dicas para que você possa inspirar e desenvolver confiança em seus relacionamentos:

1. Seja honesto – se você diz a verdade, as pessoas vão confiar em você. Seja sempre honesto, especialmente quando ninguém estiver olhando.

2. Respeite as pessoas – trate as pessoas com o mesmo respeito que você mostraria ao presidente de seu país. Respeite o tempo delas. Nunca chegue atrasado. Se você precisar de ajuda para ser pontual, use esta ajuda, e chegue sempre no horário.

3. Busque cuidar das pessoas – quando você realmente se preocupa com os outros, é improvável que as pessoas não confiem em você.

4. Busque conhecer as pessoas – aprenda mais sobre as pessoas e esteja interessado em suas respostas. As perguntas abertas dão às pessoas a oportunidade de falarem sobre si mesmas com você. Faça mais perguntas com base nas respostas que você obtém.

5. Você não é perfeito – há sempre algo duvidoso em alguém que parece ser perfeito em tudo. Não desperdice sua energia escondendo seus erros ou fraquezas. Mostrar que não é perfeito envia uma mensagem de que você não está escondendo nada e que deseja criar confiança.

6. Não olhe para o seu relógio – estamos todos em um calendário apertado, mas olhar para o relógio quando alguém está falando é rude. Você deve ter cuidado com o tempo. Então, se realmente é necessário, peça permissão para olhar para o seu relógio antes de fazê-lo.

7. Descubra como ambos podem ganhar (ou seja, "ganha-ganha") – quando ambas as partes ganham, você fortalece o relacionamento.

8. Não encubra suas respostas – seja definitivo quando puder. Quando você esconde suas respostas, está se dando um "fora". Como alguém pode confiar em você quando você fica se esquivando? Os políticos são notórios por proteger suas respostas. Quanto você confia em seu político?

9. Tenha os melhores interesses em mente – as pessoas sabem quando você está olhando para elas e quando está olhando para si mesmo. É difícil confiar em você quando há um conflito de interesses nesse nível.

10. O sucesso do outro – não se preocupe apenas com o seu sucesso. Isso gera ressentimento mais do que confiança.

11. Use o que as pessoas estão dizendo para você – quando você responde perguntas usando as próprias palavras da outra pessoa essa é uma ótima maneira de mostrar que estava ouvindo e demonstrar a sua compreensão. As pessoas confiam em quem dedica tempo para ouvir.

12. Invista tempo juntos – relacionamentos ficam mais fracos se você não alimentá-los. Esteja com as pessoas em diversas ocasiões, não só quando precisa delas.

13. Assumir sua responsabilidade – quando algo der errado e for culpa sua, prontifique-se a assumir sua responsabilidade e se concentre nos próximos passos. É mais fácil confiar em alguém que assume seus erros.

14. Encare com seriedade o problema do outro – não descarte o problema de outra pessoa como sendo pequeno ou comparando ao tamanho de seus próprios problemas. Apenas ouça. O que ela está passando é real e grave para ela, e você deve tratar isso como tal.

15. Agregue valor – faça diferença na vida da pessoa. Seja alguém que acrescenta algo a ela. Isso retornará em confiança sobre você.

16. Busque ter uma causa em comum – quando você se concentra em uma causa comum, a pessoa naturalmente constrói confiança e relacionamento para lidar com a questão.

17. Seja equilibrado – é difícil confiar em alguém que é instável emocionalmente. Respire fundo e aja com equilíbrio.

18. Empatia – reconhecer os sentimentos por trás do que está sendo dito é mostrar empatia. As pessoas ao seu redor vão confiar mais em você quando sentirem e constatarem que você as entende.

19. Faça a pessoa se sentir importante – essa é uma necessidade humana básica, e se você supri-la, as pessoas vão confiar em você. Ser sempre sincero fará com que as pessoas se sintam importantes quando estiverem em contato com você. Elas podem sentir se você está fingindo.

20. Ser acessível – quando as pessoas sabem que podem ter acesso a você, constroem confiança, porque podem ver responsabilidade. As pessoas que eu não consigo alcançar sempre me parecem menos confiáveis.

21. Olhe as pessoas nos olhos – se você desviar constantemente os olhos, isso fará com que as pessoas intuitivamente suspeitem de você.

22. Remova as distrações – se você estiver se encontrando com alguém, remova todas as distrações (desligue o telefone, a tela do computador etc.), e dê sua total atenção à pessoa.

23. Tenha alta autoestima – esteja confortável com quem você é. Não tente impressionar, pois isso faz com que você pareça assustador. Tenha cuidado com os sinais de alerta de baixa autoestima.

24. Mostre comprometimento – quando você demonstra compromisso, as pessoas confiam em você. É o caso daqueles homens que propõem casamento a uma mulher e realmente se casam, empregados que assinam contratos de trabalho, ou pessoas que sempre compareçem quando se comprometem a ir.

25. Diga "eu não sei" – admita que você não sabe, e seja direto. Você vai ter muita credibilidade por isso.

26. Entregue o que você promete – faça o que diz que vai fazer. Este é um dos melhores princípios para construir confiança.

27. Use uma imagem real – se você tem um perfil virtual, use uma imagem real de si mesmo. Uma foto autêntica permite saber que você não tem medo de se mostrar e que está disposto a ser responsável pelo que escreve em seu site, blog ou rede social.

28. Seja vulnerável – a confiança se constrói quando você se abre. Não esconda seu lado humano, esse é o lado com o qual as pessoas se conectam.

29. Seja pró-ativo em ajudar – não espere até que alguém diga para dar informações que lhes são importantes. Dê a informação à pessoa assim que tiver a resposta.

30. Invista tempo para explicar – se alguém é confuso e pediu sua ajuda, seja gentil em explicar os pormenores, respeitando a limitação de aprendizado e compreensão da pessoa. Dedique o tempo que for importante até que ela o assegure de que realmente compreendeu. Esteja pronto para repetir, se necessário, a sua explicação.

| SEGUNDO PILAR: CONFIANÇA |

31. Não abuse de privilégios – à medida que você ganha mais confiança, receberá mais privilégios. Não abuse deles. É a condição para que sejam mantidos em longo prazo.

32. Cuide do que você está falando sem palavras – esteja ciente de seus movimentos corporais. Minimize as tremidas de perna, movimentos de corpo e apertos de mão. É difícil confiar em alguém que parece nervoso ou ansioso.

33. Dar *feedback* adequado – se quiser construir confiança no relacionamento, você precisa saber como dar *feedbacks*. Que seus *feedbacks* sejam no estilo "*feedback burguer*": comece elogiando, fale dos pontos de melhoria, termine elogiando.

34. Dê um bom conselho – se o seu conselho ajudar as pessoas, elas confiarão em você e em seu conselho ainda mais.

35. Vá além – supere a expectativa das pessoas. Entregue mais do que elas estão esperando. Ame mais, perdoe mais, elogie mais...

36. Partilhe ideias – quando encontrar boas ideias e isso ajudar uma pessoa, compartilhe com ela.

37. Seja curioso – faça perguntas e fique genuinamente interessado em saber mais. Resista em assumir a conversa ou tentar resolver imediatamente o problema.

38. Mantenha segredos em segredo – se uma pessoa lhe disser algo confidencial, guarde isso para você, a menos que viole seus padrões morais e éticos.

39. Não exagere – quando você quer explicar demais, está tentando deixar de ser responsável. Esta é uma das melhores maneiras de perder a confiança de alguém.

40. Mostre compaixão – "calce os sapatos" da outra pessoa, ou seja, coloque-se no lugar dela. Quando algo ruim acontecer com alguém, expresse sua simpatia.

41. Valorize o relacionamento – demonstre para a pessoa ao lado de quem está que você valoriza o relacionamento e quer perpetuá-lo. Isso pode significar o primeiro passo para um compromisso.

42. Peça esclarecimentos – quando for feita uma pergunta, certifique-se de que a compreendeu bem antes de responder. Pode ser que você não conheça o assunto tanto quanto é esperado naquele momento.

43. Não use uma voz "falsa" – algumas pessoas que conheço usam uma voz "profissional" que não a sua própria. Use sua voz natural ao se expressar. Se você não gosta de como ela soa, faça algumas aulas de empostação de voz, e trabalhe isso para chegar aonde deseja.

44. Não manipule – é possível usar as ideias desta lista de dicas com a intenção de manipular. Não faça esse tipo de uso, porque isso não terminaria bem. Nunca termina bem.

45. Não minta – uma pequena mentira pode destruir uma montanha de confiança.

46. Entenda que cada pessoa é única – cada pessoa neste mundo é única e deve ser tratada como tal. Um tamanho único raramente funciona.

47. Não termine as frases de outras pessoas – mesmo que elas estejam demorando muito tempo para expressar o que estão pensando, seja paciente e deixe que concluam a frase.

48. Não tente muito – quando você é excessivamente servil ou deferente, pode ser bastante irritante.

| SEGUNDO PILAR: CONFIANÇA |

Acho difícil confiar em alguém que não consegue pensar e agir por si mesmo.

49. Diga o que você quer dizer – se você acha que uma ideia é ruim, diga isso de maneira elegante, mas diga. Quando você constrói uma reputação de dizer exatamente o que pretende dizer, as pessoas não têm de adivinhar o que você está "tentando" dizer. Isso ajuda a aumentar sua confiabilidade.

50. Concentre-se em suas semelhanças – destaque o que você tem em comum com a outra pessoa. Gostamos de pessoas que são semelhantes a nós e confiamos em pessoas de quem gostamos.

51. Pense abundantemente – adote a crença de que há o suficiente para todos e que você não está na competição por recursos limitados. Ações que refletem essa crença constroem confiança porque você se torna mais colaborativo com aqueles que o rodeiam e trabalha para elevar as pessoas, em vez de colocá-las para baixo.

52. Dê elogios específicos – seja o mais específico possível em seu elogio. O elogio mais sincero geralmente é o específico. Isso mostra que você teve tempo de notar.

53. Seja consistente – não mude seus pontos de vista por um capricho. Isso torna as pessoas desconfiadas a seu respeito.

54. Leia livros relacionados à inteligência emocional – *Como ganhar amigos e influenciar pessoas*, de Dale Carnegie, *Inteligência Emocional*, de Daniel Goleman, *Inteligência Emocional*, por Arão Amazonas, *O Poder da Ação*, de Paulo Vieira – esses são bons exemplos de literatura para começar. Assista nossos vídeos também: www.youtube.com/DanielRibeiroQueiroz

55. Não participe de fofocas – fofocas mostram o seu despreparo para lidar com qualquer assunto que possam querer confiar a você.

56. Lembre-se do nome da pessoa – não há nada mais interessante para nós do que o nosso próprio nome. Mostre que você se lembra do nome da outra pessoa. Se você precisar de ajuda, confira antes, para se lembrar de nomes mesmo que tenha má memória.

57. Confie nos outros primeiro, antes de querer que confiem em você – as pessoas o tratam da maneira que você as trata. Confie primeiro, se você quer ter confiança.

58. Esteja confortável com o silêncio – não se sinta obrigado a preencher o silêncio. Eu sei que pode ser desconfortável, mas deixar a outra pessoa pensar a partir das próprias ideias e lhe permitir quebrar o silêncio primeiro é um ato de respeito e elegância, que amplia a confiança mútua.

59. Tenha integridade – fique com seus princípios e valores, não importa o que aconteça ao redor para demovê-lo deles.

60. Permita que outros o ajudem – às vezes estamos tão concentrados em nos doar, que não permitimos que outros façam o mesmo conosco. Agindo assim, tiramos das pessoas a alegria de se doarem. Deixe os outros se doarem a você.

61. Não culpe – quando as coisas dão errado, não "aponte o dedo". Autorize-se assumindo a responsabilidade e, em seguida, determine o que vai fazer a respeito. Não desperdice o pensamento presente remoendo o passado que não pode ser mudado. Uma pessoa que não se culpa ganha rapidamente a confiança dos outros.

62. Seja você mesmo – não mude quem você é para agradar outras pessoas. É cansativo para todos.

63. Expresse emoções – quando se lida com pessoas, as emoções acrescentam ao relacionamento o elemento humano, que é fundamental para construir a confiança mútua.

64. Preste atenção – esteja atento à linguagem corporal para ter certeza de que ela corresponde ao significado da linguagem falada.

65. Não prejulgue – escute com uma mente aberta e aceite o que está sendo dito sem colorir esse conteúdo com seus próprios julgamentos.

66. Entenda que o mapa não é o território – a nossa realidade é apenas a nossa percepção da realidade. Compreender que todos percebem o mundo diferentemente nos permite ser mais abertos e aceitar ideias diferentes da nossa.

67. Não interrompa – quando você interrompe a fala de alguém, está sendo soberbo em sugerir veladamente à pessoa que o que você tem a dizer é mais importante do que o que ela tem a dizer.

68. Não seja um "sabe-tudo" – não lhe é possível saber tudo, e nem você precisa ser assim. Seja sempre transparente acerca do que sabe, e não tente demonstrar mais conhecimento do que realmente possui.

69. Tenha paixão – quando vejo alguém que é motivado por sua paixão e não por dinheiro, *status* ou poder, fico mais inclinado a confiar nessa pessoa. Talvez isso ocorra pela sensação de que ela não está tentando tirar nada de mim, e sim, está construindo algo grande.

70. Mostre lealdade – uma pessoa que demonstra apoio firme e constante é geralmente alguém em quem outras pessoas querem confiar.

71. Dê crédito – quanto mais crédito você dá aos outros, mais as pessoas vão confiar em você. "Não há limite para o que o homem bom pode fazer se ele não se importa quem recebe o crédito." (Judson B. Branch).

72. Tenha uma opinião – as pessoas que nunca tomam partido têm dificuldade em construir confiança porque não estão dispostas a tomar uma posição.

73. Não espere nada em troca – ao ajudar alguém, não espere algo em troca. Você será mais feliz adotando essa postura. Dar é sempre melhor do que receber.

74. Não seja interesseiro – os elogios insinceros são uma das maneiras mais rápidas de perder a conexão e a confiança de alguém.

75. Confie em si mesmo – você não pode dar o que não tem, e não pode obter o que não dá (diga isso cinco vezes rápido).

76. Seja justo – trate as pessoas com justiça. Recompensar e punir em conformidade com o que está em questão fortalece a confiança mútua.

77. Não desista – apenas porque alguém não confia em você agora, isso não significa que você não pode construir confiança em relação àquela pessoa. Se o que você está fazendo não está funcionando, tente outra coisa. Há 77 coisas listadas até aqui como inspiração do que você pode fazer!

78. Seja entusiasmado – a maioria das pessoas não aceita um falso entusiasmo. Quando você está entusiasmado com o que faz, há maior probabilidade de as pessoas confiarem em você.

Confiança é algo crescente: quanto mais se conhece alguém, mais se confia nessa pessoa, e por isso aumentam os níveis de segredos, confissões e particularidades que são abertos e expostos. É uma cumplicidade existente somente quando há confiança no relacionamento.

Eu sei que a confiança conduz a outro nível, no qual estabelecemos os *termos do relacionamento* que é a aliança. Vamos falar sobre isso no próximo capítulo.

Desafio para o extraordinário

- Quer saber se pode confiar em alguém? Conte para a pessoa, somente para ela, algo que não tenha tanta importância e lhe peça para guardar segredo. Veja o que acontece.
- Pratique os 78 princípios para ser confiável. Escolha algumas pessoas com as quais você tem relacionamento e com as quais possa treinar esses novos hábitos. Durante pelo menos 21 dias, pratique-os todos os dias, até que estejam incorporados em você.

4º CAPÍTULO

TERCEIRO PILAR: ALIANÇA

| TERCEIRO PILAR: ALIANÇA |

> *Irmãos, falo como homem. Ainda que uma aliança seja meramente humana, uma vez ratificada, ninguém a revoga ou lhe acrescenta alguma coisa. (Gálatas 3:15)*

Aliança é um contrato, um conjunto de termos que compõe um acordo entre partes. Todo relacionamento pode chegar ao nível de se tornar uma aliança, mesmo que isso não seja verbalizado, algumas coisas ficam subentendidas. É claro que quando ocorre assim, o relacionamento tende a ser conturbado, pois onde não sabemos em quais bases estamos lidando, surge confusão a respeito.

Passamos pela amizade, confiança, e chegamos na aliança. Acompanhe comigo:

- Eu começo a construir o relacionamento pela amizade;
- Chego ao estágio da confiança, passando pelas provas da amizade;
- Com o conhecimento e a confiança estabelecidos, posso agora estabelecer a aliança que dá a mim e à pessoa o acesso a algo ainda maior.

Podemos dizer que: **a**mizade é o protocolo, **c**onfiança é a chave e **a**liança é a porta. Faz sentido para você?

Estamos "batendo no liquidificador" o nosso ACAI (escolhi essa sigla só para você lembrar de uma coisa deliciosa: "açaí").

Podemos pensar, então, que todo relacionamento deve chegar a um nível no qual os envolvidos estabelecem um acordo, e podem começar, assim, a ter um relacionamento mais sólido. Afinal, se eu não quero o nível de aliança, o que eu quero com o relacionamento.

Aliança nivela os dois lados. O lado mais forte da aliança traz para junto de si o lado mais fraco, promovendo a ele oportunidade de crescimento no relacionamento.

Vamos pensar juntos: Deus é o Criador do universo, Rei de tudo, Soberano (é o que faz sentido para mim, ok?), e Ele diversas vezes vem em direção ao homem e faz alianças com ele. Nós não somos iguais a Deus por causa desta aliança, mas Ele se propõe a um acordo conosco, coisa que Ele definitivamente não precisava fazer, e nesta aliança estabelece promessas. Se o homem cumprir sua parte, isso será feito.

Observe, então, que uma aliança desse porte traz para o lado de Deus alguém muito fraco (ou todo um povo), dando-lhe direitos. Agora, ela pode viver algo que não conseguiria viver sozinha. Por que isso acontece? Por causa do princípio da aliança.

É como se o lado mais forte da aliança dissesse: "Eu estou dando a você a oportunidade de ter o que eu tenho". Lindo isso, não é mesmo?

O mais lindo é que para ter o que o outro tem, precisamos fazer o que o outro faz e ser como o outro é. Por isso, a aliança tem termos, algo que, mesmo que não seja explícito, vem à tona em algum momento.

Vamos continuar. Ao nascer, nossos pais têm uma aliança conosco – de cuidado, afeto, alimentação, supervisão – até que tenhamos idade suficiente para desfrutar do investimento feito e comecemos a gerar o mesmo movimento em direção a outras pessoas.

Há um aspecto interessantíssimo na Bíblia, quando Deus fala para o homem: "Por isso, deixa o homem pai e mãe e se une à sua mulher, tornando-se os dois uma só carne".[1] Você consegue entender o ponto aqui? Deus deixa claro que a primeira aliança já não serviria, e que a partir de agora os dois seriam uma só carne, assumindo assim outra aliança, com novos termos.

Todo relacionamento, para entrar em níveis maiores e mais profundos, exige uma aliança. Vou dar alguns exemplos para que possamos entender essa questão.

Não sei se você já viu aqueles filmes que mostram as faculdades e calouros americanos. Para que você entre em alguma fraternidade, tem que aceitar os termos e passar por provas que eles determinam para, então, ficar por dentro do que acontece lá.

Da mesma forma, para você entrar em um grupo musical ou banda, passa pelos testes, mas tem que aceitar os termos daquele grupo para poder começar a conviver com eles e integrar a parte "boa" do negócio.

Quando você quer entrar em uma empresa tem seu currículo avaliado, passa pelos testes e, finalmente, assina um contrato para poder trabalhar na empresa, e assim usufruir dos direitos e assumir seus deveres.

Até mesmo quando alguém quer entrar para um grupo criminoso, tem que passar por provas e testes, e depois tem que aceitar os termos do grupo – ou nada feito.

---

[1] Gênesis 2:23-25

Concordam, então, que para todo tipo de relacionamento precisamos ter um nível de aliança a cumprir? Somente a aliança dá acesso a níveis mais profundos.

Quem não exige uma aliança, não dá valor a si e ao que tem.

Você já ouviu falar de Jonas? Aquele que foi parar na barriga do grande peixe? Então. O capitão do barco onde ele estava atravessava uma grande tempestade. Jonas assumiu a culpa daquela situação, e por isso foi jogado ao mar, sendo engolido pelo grande peixe. Sabe o que eu vejo nesse episódio? O capitão não tinha nenhum termo ou condição de aliança para quem entrasse no barco dele – qualquer um podia subir a bordo. Portanto, ele trouxe para o seu barco tempestade, ventos, ondas – em outras palavras: crise. Como funcionam os seus relacionamentos? Qualquer um pode entrar?

Seus relacionamentos serão extraordinários a partir destes pilares pessoais, matrimoniais, pais e filhos, ministeriais e corporativos. Todos ganham um novo sentido a partir desses princípios.

Você pode levar seus relacionamentos a um novo nível. Estou propondo a criação de termos para novos relacionamentos e a renovação da aliança daqueles que já existem.

Amor obsessivo x amor de aliança

Lembra que falamos sobre paixão x amor? O Dr. Gary Chapman nos traz um conceito interessantíssimo que são os dois estágios do amor: o obsessivo e o de aliança.

| TERCEIRO PILAR: ALIANÇA |

O estágio do amor obsessivo

Poucos têm conhecimento da pesquisa realizada sobre o estágio obsessivo do amor. Parte da pesquisa mais extensa foi feita pela Prof. Dorothy Tennov, da Universidade de Connecticut, em Bridgeport. Em seu livro clássico, Love and limerence [Amar e estar apaixonado], Tennov concluiu que a duração média desse tipo de amor é de dois anos.

Durante o estágio de amor obsessivo, vivemos sob a ilusão de que a pessoa a quem amamos é perfeita... pelo menos, perfeita para nós.

Nossos amigos podem ver os defeitos dela, mas nós não. Sua mãe talvez diga: — Querida, você já pensou que ele não tem emprego fixo há cinco anos? — E sua resposta pode ser: — Mãe, pegue leve. Ele está esperando a oportunidade certa. Seu colega de trabalho talvez diga: — Você já considerou que ela foi casada cinco vezes?, ao que você responde: — Ela casou com perdedores. Essa mulher merece ser feliz, e eu vou fazê-la feliz.

Durante esse estágio inicial do amor, temos outros pensamentos irracionais, como: "Nunca serei feliz enquanto não estivermos juntos para sempre. Nada mais importa nesta vida".

Tais pensamentos levam, no geral, o estudante a abandonar a escola para casar-se com seu amor ou para morar juntos, embora não sejam casados. Nesse estágio do amor, as diferenças são minimizadas ou negadas. Sabemos apenas que somos felizes, que nunca fomos mais felizes e que pretendemos manter isso até o fim de nossas vidas. Este estágio do amor não requer muito esforço.

Existe um mito sobre o amor: que ele em si já basta, que não precisa ser trabalhado, entendido e até mesmo racionalizado. O mito contém alguma verdade, mas não passa de uma verdade parcial. O que é verdade é que o amor exige muito pouco trabalho em seu estágio inicial. Não é preciso trabalhar para apaixonar-se. Simplesmente acontece. Tudo começa com o que chamamos de "formigamento". Há algo sobre a aparência da outra pessoa, a maneira como ele (ou ela) fala, como age, como anda, que nos faz formigar por dentro. São os formigamentos que nos fazem convidar alguém para sair. Algumas vezes, porém, eles somem no primeiro encontro. Algo que a pessoa faz ou diz nos aborrece, ou descobrimos nela um hábito que não podemos tolerar. Portanto, da próxima vez em que

| TERCEIRO PILAR: ALIANÇA |

nos convidam para sair, não estamos disponíveis. Achamos ótimo se não virmos mais a pessoa e os formigamentos morrem de morte natural, morte rápida. Com outros, no entanto, cada vez que saímos para comer um hambúrguer, mal podemos esperar pelo próximo encontro. Os formigamentos ficam cada vez mais fortes e a obsessão emocional se estabelece. Começamos a pensar na pessoa no momento em que acordamos. Ele ou ela é a última pessoa em quem pensamos antes de dormir. O dia inteiro ficamos imaginando o que o outro está fazendo. Mal podemos esperar para estarmos juntos outra vez e, cada vez que isto acontece, é maravilhoso! Um de nós diz eventualmente ao outro algo como: "Acho que poderia amar você". Estamos tentando descobrir se a pessoa está sentindo o mesmo que nós. Se a pessoa nos der uma resposta positiva, como: "O que há de mal nisso?", a tarde vai ser ótima. Da próxima vez que a lua seja propícia, dizemos realmente as palavras "amo você". E esperamos que ele (ou ela) responda: "Também amo você". A partir desse momento, a obsessão emocional cresce até que estejamos certos de que desejamos passar o resto de nossa vida juntos. É neste estágio obsessivo do amor que a maioria das pessoas se casa e outras começam a viver juntas. O relacionamento não exigiu esforço. Fomos empurrados pelas emoções intensificadas da obsessão da "paixão". Por que muitos não compreendem a ideia de trabalhar no casamento? Esperam que seu casamento continue neste estado eufórico, no qual cada um daria gratuitamente de si ao outro e consideraria o outro a pessoa mais importante do universo.

Dirigindo-se para o segundo estágio do amor

Embora seja fácil compreender o primeiro estágio do amor, não conseguimos entender bem o segundo. Muitas vezes, nem sabemos da existência desse estágio. Essas percepções do amor são típicas tanto para os adultos solteiros como para os casados na cultura ocidental. É por isso que compreender as cinco linguagens do amor é tão essencial se quisermos relacionamentos de longa duração. Elas ensinam como manter o amor emocional vivo quando sairmos do pico emocional do estágio obsessivo do amor. Sem esse conhecimento, quatro em cada cinco indivíduos que se divorciam volta-

rão a se casar e a repetir o ciclo com outro parceiro. Sessenta por cento dos que se casam vão experimentar um segundo divórcio, voltando a ficar sozinhos... a não ser que aprendam a verdadeira natureza do amor e passem com sucesso do primeiro para o segundo estágio.

O estágio de amor de aliança

O segundo estágio, podemos chamar de "amor de aliança". É muito diferente do primeiro, que chamo às vezes de "amor apaixonado". Não quero dizer que o amor de aliança não seja apaixonado, mas no amor de aliança a paixão precisa ser alimentada e cultivada. Ela não continuará a fluir simplesmente porque permanecemos no relacionamento. É bem diferente do primeiro estágio.

 A obsessão que tivemos um pelo outro começa a diminuir e reconhecemos que há outras coisas importantes na vida além da busca um do outro. As ilusões da perfeição se evaporaram e as palavras de sua mãe voltam-lhe à mente: "Ele não teve um emprego fixo em cinco anos", ou você lembra das palavras de seu amigo: "Essa mulher já se casou cinco vezes". Agora, você começa a concordar mentalmente com sua mãe *(ou seu amigo). Fica imaginando como pôde ser tão cego para a realidade.*

As diferenças de personalidade, interesses e estilo de vida se tornam muito óbvias, quando antes você mal as via. A euforia que o levou a colocar o parceiro em primeiro lugar e a se concentrar no bem-estar do outro agora se dissipou, e você começa a se concentrar em si mesmo e a compreender que seu parceiro não está mais satisfazendo suas necessidades.

Você começa, então, a pedir, e depois a exigir isso da pessoa, e quando ela se recusa a atender às suas exigências, você se retrai ou ataca com raiva. Sua ira ou retraimento afasta ainda mais seu parceiro e torna mais difícil para ele expressar amor por você.

Um relacionamento assim prejudicado pode renascer?

A resposta é sim, se o casal vier a compreender a natureza do amor e aprender como expressar amor numa linguagem que a outra pessoa possa aceitar. O estágio obsessivo passou. O casal pode estar namorando ou estar casado, mas deve mover-se para o estágio seguinte para que o relacionamento amoroso não termine.

O amor de aliança é o amor consciente. É o amor deliberado.

| TERCEIRO PILAR: ALIANÇA |

> *É um compromisso de amar apesar de tudo.*
> *Ele requer pensamento e ação.*
> *Não espera pelo encorajamento das emoções, mas escolhe buscar o interesse do companheiro porque está comprometido com o bem-estar do outro.*
> *É o amor aliança que sustenta uma relação através dos anos e leva o marido após cinquenta anos a dizer sobre a esposa: "Eu a amo mais agora do que quando nos casamos".*

O amor de aliança requer dois fatores:
- conhecimento da natureza do amor (amizade).
- disposição para amar (confiança).

Quem não gostaria de viver um relacionamento no qual há o amor de aliança? Essa é uma escolha que fazemos.

Nossos relacionamentos são movidos pelo que escolhemos que eles sejam. Você pode discernir e escolher algo que seja movido pela eternidade ou que seja temporário e efêmero.

Aliança deixa marcas

Certa vez, precisei tirar a minha aliança (anel) e a minha esposa a dela. Algo interessante aconteceu: no lugar onde estava a aliança, ficou a marca em nossos dedos. Veio ao meu coração a compreensão de que quando renovamos a nossa aliança e cuidamos dela, somos marcados por ela. Por causa daquela marca visível, mesmo sem trazer ao dedo o símbolo da nossa aliança, as pessoas sabiam que eu tinha uma esposa.

Deus fez uma aliança com o homem por meio do arco-íris, mas essa aliança não está sempre no céu. Quando aparece, é lindo e motivador saber que Deus deixou tal sinal para nós. Mesmo sem vê-la, eu fui marcado por essa aliança, e sei que Ele está comigo em todo o tempo.

Hoje, quando vou sozinho ministrar em algum lugar, logo me perguntam: "Onde está sua esposa, seus filhos?", porque já há uma marca da nossa aliança, e ela está em minha mente, em meu coração, estampada na minha face!

Relacionamentos que se movem por aliança têm uma marca especial: o casal é reconhecido por ser *uma só carne* – ou, como costumam dizer, "unha e carne", pois escolhem caminhar juntos, e a aliança os respalda.

Amigos que caminham em aliança são vistos juntos o tempo todo, e quando não estão juntos, as pessoas estranham.

Pastores e ovelhas que têm uma aliança mal esperam a hora de estar juntos novamente.

Funcionários e líderes enfrentam juntos as adversidades e celebram as conquistas juntos, pois têm uma aliança vigorando.

Um relacionamento extraordinário é selado com uma aliança. Quando falta o sentimento, a aliança basta.

Às vezes, quando não acordo bem para com a minha esposa (graças a Deus é muito raro acontecer isso), eu me lembro da nossa aliança firmada, lembro do que falei para ela, que acordaria todos os dias para fazê-la mais feliz e para ser feliz ao lado dela. Essa lembrança é o ponto de partida para que eu inicie uma transformação de atitude, e tudo começa a mudar também entre nós, e para melhor.

Aliança precisa ser cuidada
Aliança precisa ser renovada, polida e relembrada. Não falo do anel que colocamos no dedo, mas daquilo que está em nosso coração, algo de que o anel é símbolo.

Deus fazia isso com o povo de Israel:[2] Ele os lembrava acerca da aliança que havia firmado com eles, e até mesmo firmou uma nova aliança,[3] atualizada e perfeita, para que não só o povo de Israel pudesse desfrutar dela, mas todos nós.

Quando cuidamos da nossa aliança, quando zelamos por ela, podemos ampliá-la, para que seja bênção para mais pessoas. Isso acontece naturalmente quando os filhos chegam à família: a aliança se amplia para englobar aqueles que chegaram.

Aprendi com meu pastor que aliança precisa ser consolidada, isto é, vivida.

Na vida de um casal, o momento de intimidade é a consolidação e a prova de que eles têm uma aliança, pois é quando seus corpos pertencem um ao outro e eles desfrutam dessa bênção mútua.

2 Ezequiel 16:60.
3 Hebreus 8:1-7.

Talvez aqui entremos em um assunto polêmico, mas preciso reafirmar: somente debaixo de uma aliança, temos acesso e legalidade a algumas coisas.

Uma aliança precisa de testemunhas e de alguém para oficializá-la. Por isso, temos os juízes, os pastores, os oficiais, os quais mediante a leis, oficializam alianças entre partes.

Você pode achar tudo isso meio burocrático, mas como não ter cuidado com algo que envolve a nossa vida, os nossos sonhos, o nosso dia a dia, e, principalmente, o nosso futuro?

Aliança nos protege

Pelo fato de uma aliança constituir-se de termos e condições, e precisar do acordo entre as partes, os que estão sob aliança podem, quando necessário, chamar, ou melhor, trazer à tona essa aliança. É uma aliança estabelecida sob bênção e para a bênção.

Digo isso porque você também pode fazer alianças erradas, e tanto uma aliança certa com a pessoa errada quanto uma aliança errada com a pessoa certa podem ser destrutivas. Por isso, o processo de firmar aliança sempre tem que ser acompanhado por alguém que você vê como autoridade sobre a sua vida, para que na multidão de conselheiros você encontre a sabedoria necessária para firmar esse acordo.

Há um fato curioso sobre o famoso Jó, aquele da "paciência impressionante". Ele queria se *proteger* contra a infidelidade, então fez uma aliança consigo mesmo:

| TERCEIRO PILAR: ALIANÇA |

Fiz aliança com meus olhos; como, pois, os fixaria eu numa donzela? (Jó 31:1)

Se você ler o texto todo, perceberá que ele mesmo estabeleceu os termos daquela aliança, e definiu o que Deus poderia lhe fazer se ele a quebrasse. A aliança nos protege.

Seria interessante que tivéssemos alianças conosco mesmos para podermos nos manter firmes em nosso propósito: aliança de prosperidade, aliança de santidade, aliança de saúde, aliança de fidelidade.

Firme aliança sob a bênção do Senhor e use o poder da aliança ao seu favor e comece a viver o extraordinário!

Aliança é a *porta de acesso*

Uma aliança firmada muda tudo! Traz legalidade, traz direitos e deveres, e isso traz clareza para o relacionamento.

A aliança nos dá direito à *intimidade* (aqui está o "I" do nosso "ACAÍ"!).

Desafio para o extraordinário

Escreva quais são ou quais seriam os termos dos seus relacionamentos:

- Pessoais
- Matrimoniais
- Pais e filhos
- Ministeriais
- Corporativos

Mesmo que você não tenha algum deles, escreva-os, para que estejam bem definidos quando acontecerem.

Converse com pessoas que têm esse nível de relacionamento com sabedoria e inteligência, avaliando se os relacionamentos que você tem melhorariam caso tivessem um nível de aliança assim.

Para vocês que são casados, renovem suas alianças. Sugiram novos termos, novidades, relembrem princípios que vocês já tinham, escrevam isso, e, tirando a aliança um do outro, coloquem-na novamente no dedo e repitam os votos de sua aliança em voz alta. Se tiverem filhos, façam isso na frente deles. Será lindo!

Você tem um compromisso com alguém, mas ainda não firmou sua aliança? Que tal pensar nisso, e entrar em um nível mais profundo de relacionamento?

No setor onde trabalha, estabeleça esse acordo ou reveja o contrato que a empresa tem com você, mas traga novidades que melhorem o relacionamento de vocês e façam uma cerimônia de aliança.

Lembre-se de que para chegar neste ponto, você precisou trazer os dois primeiros pilares à tona – *amizade* e *confiança*. Se não houver os dois, a aliança não resiste.

5º CAPÍTULO

QUARTO PILAR: INTIMIDADE

| QUARTO PILAR: INTIMIDADE |

> *A intimidade do Senhor é para os que o temem, aos quais ele dará a conhecer a sua aliança.*
>
> *(Salmos 25:14)*

Nunca na História tivemos relacionamentos tão superficiais como agora. Nunca tivemos tantos divórcios, tanta distância nos relacionamentos.

Com o avanço da *Internet* e das rede sociais, houve uma aproximação de quem estava longe e o distanciamento de quem estava perto.

Não há o desejo por uma aliança, não há comprometimento, e cada vez mais olhamos para uma sociedade que vai morrendo.

O próprio nome "sociedade" quer dizer social, um ambiente de relacionamentos, mas o que constatamos é que há cada vez menos relacionamentos acontecendo. Hoje colocamos nossos fones de ouvido para não ouvir o que acontece ao nosso redor.

Antes de surgirem os *smartphones*, sentávamos nos meios de transporte público e tínhamos espaço para conversa e um conhecimento mínimo em nossas idas e vindas do trabalho. Hoje em dia, até mesmo pela falta de segurança, não se faz mais isso. Há um medo, um receio de se relacionar.

Bem, esta é uma visão geral da sociedade, e podemos mudá-la, começando com pequenas coisas, para que tenhamos uma sociedade que avançou na tecnologia e não se esqueceu do seu lado humano.

O grande Albert Einstein simplifica o que estou dizendo:

> Eu temo o dia em que a tecnologia ultrapasse nossa interação humana, e o mundo terá uma geração de idiotas.
>
> PENSADOR

O que fazer então? Começarmos a transformação em nós mesmos.

Um dos objetivos deste livro é instigar pessoas a transformarem seus relacionamentos e a maneira como os conduzem. Se ao menos elas refletirem sobre o assunto e promoverem pequenas transformações, já me dou por satisfeito. Se não questionarmos as coisas, elas não mudam.

| QUARTO PILAR DO: INTIMIDADE |

Voltemos aos relacionamentos. Tivemos muitas transformações no decorrer dos anos nessa questão, porque a cultura é mutável, e se amolda aos desejos e necessidades do ser humano. Fica uma questão: se déssemos vazão a todas as nossas vontades, se a sociedade fosse como todos quisessem, ela seria melhor? Creio que, por fatos, a resposta é não. Como eram os relacionamentos antes? Melhores ou piores? Anteriormente, os casamentos duravam mais ou duravam menos? Todos nós sabemos a resposta.

Hoje as pessoas se casam já pensando em como poderão se separar; o casamento já acontece com os noivos considerando a opção de não dar certo. Tenho aprendido que toda opção abre um caminho, e se você tem um caminho que pode ser seguido, provavelmente irá por ele.

Uma coisa que percebi estudando os relacionamentos: por onde eles começam hoje? Vamos lá. A pessoa abre sua vida, sua intimidade em redes sociais para outras pessoas que jamais viu ou conversou pessoalmente. Chega na "balada", e a primeira pessoa que acha "legal", já beija, e daqui a pouco estão em um quarto, provando da intimidade um do outro. Mora-se junto primeiro, para ver se o relacionamento dá certo, e só então se descobre que não há como sustentar o relacionamento ou levá-lo adiante, e cada um volta para o seu canto.

Senta-se em uma mesa de escritório e começa-se a relatar os problemas do casamento para alguém que só fala "bom dia" e "tchau" no final do dia. Poderia aqui fazer uma lista imensa de coisas, mas creio que você já me entendeu. Alguma coisa está errada, não está?

Começamos os relacionamentos hoje de forma invertida: entramos na intimidade primeiro para depois ver se confiamos na pessoa ou se podemos ser amigos, e talvez estabelecer uma aliança para oficializar o que já aconteceu. O que estou pedindo a você é que pondere se logicamente isso faz sentido.

Creio que invertemos o modo como fazemos as coisas, para dessa forma saciar os nossos desejos, e estamos descobrindo que não foi a melhor escolha. Por que será que o mal do século é a ansiedade e a depressão? Por que estamos gerando mais frustração do que realização e satisfação?

Eu vi um princípio em um lugar: o coração do homem é enganador.[1] Você já parou para pensar o que aconteceria se Deus respondesse "sim" para todas as suas ou as nossas orações? Não sei se você viu aquele filme, *Todo Poderoso*, com Jim Carrey e Morgan Freeman, e como aborda de maneira singular esta questão. O ator ganha o poder de ser "deus" por um tempo; na hora de responder às orações, ele respondia "sim" para todas. Várias catástrofes aconteceram. Ele mesmo trouxe a lua para mais perto, tentando impressionar sua namorada, e essa alteração lunar interferiu no movimento das marés em todo o mundo, causando desastres e tudo mais. Você pode estar se perguntando o que será que eu quero dizer, não é? Quero mostrar a você que se não tivermos princípios, se não nos voltarmos para aquilo que foi esta-

1 Jeremias 17:9.

belecido em uma sabedoria diferente da nossa, as coisas irão de mal a pior. Precisamos de *princípios* para viver uma vida extraordinária, relacionamentos extraordinários, ter uma família extraordinária.

Saindo do superficial

Intimidade tem a ver com profundidade, com um lugar secreto, onde só podem entrar aqueles que têm a chave, o protocolo.

Vamos tratar os relacionamentos como se fossem a corte de um rei. Quem tem acesso a determinados lugares? Somente aqueles que foram autorizados. O rei não gosta de solidão, mas ele sabe que seus tesouros precisam ser guardados e que somente alguns podem chegar perto. Isso descreve a intimidade. Há tesouros guardados que só podem ser acessados por aqueles que sabem o protocolo (amizade), têm a chave (confiança), passam pela porta (aliança) e chegam ao destino, o alvo: a intimidade.

Intimidade é para ser provada, mas não por todos. Ter pessoas com quem você pode compartilhar sua intimidade é incrível, pois isso proporciona um senso de cuidado e apoio indescritíveis. Para que os nossos relacionamentos sejam estabelecidos, precisamos chegar ao pilar da intimidade, e é neste ponto que saímos do superficial.

Intimidade, portanto, é fruto do conhecimento, da amizade.

Creio que agora fica claro o que quero dizer sobre os pilares. A *amizade* me dá a liberdade de saber sobre a *intimidade*, sobre o que realmente faz sentido para a outra pessoa. Quando ocorre uma invasão de privacidade, isso acontece porque houve uma quebra de protocolo, não existia um nível de amizade suficiente, confiança e aliança delegadas, para que aquela pessoa entrasse onde entrou.

A profundidade das nossas conversas revela o nível de intimidade que temos. Se nos sentimos à vontade para tratar qualquer assunto, significa que o nosso nível de intimidade é alto, e todos os degraus foram acessados.

Sei que alguns podem dizer: "Mas eu fiz o caminho inverso, comecei pela intimidade e deu certo!". A questão é que pode até dar certo, sim, mas é muito mais difícil e árduo fazer desta forma.

Como a intimidade tem a ver com um acesso mais profundo, pode prevalecer a ideia de que tudo está dando certo, mas com o passar do tempo, a relação vai pedir outros pilares, como o da amizade, por exemplo. E ele não terá sido solidificado o suficiente para dar a sustentação necessária.

Sabemos que um relacionamento não se sustenta só por sexo, por exemplo, apesar de muitos jovens acharem que sim. Ele precisará muito mais de diálogo, a amizade será necessária como nunca, assim como a confiança e a aliança, muito mais do que simplesmente intimidade.

Intimidade é um destino, não uma porta.

Mentes íntimas

Quero trazer mais uma palavra do médico, psiquiatra e psicoterapeuta, Dr. Flávio Gikovate, desta vez sobre intimidade.

| QUARTO PILAR DO: INTIMIDADE |

A intimidade consiste em uma adorável sensação de proximidade e cumplicidade com uma pessoa especial: um amigo sincero, um parente, um parceiro sentimental. Ela só se constrói em determinadas condições especiais, sendo que a mais importante delas tem a ver com o modo como se constituiu nosso modo de pensar. Cada um de nós desenvolveu um jeito de correlacionar as palavras e os pensamentos que é mais original do que pensamos. Apesar de todos falarmos a mesma língua, nem sempre o que dizemos corresponde exatamente ao que o outro ouve; e, o que é o principal, muitas vezes não está em sintonia com aquilo que estava em nossa mente. Ou seja, como cada cérebro é único, não é raro que aquilo que estou escrevendo aqui agora – e que é o fruto de um esforço de transformar em palavras o que se passa em minha mente – não corresponda ao que você, leitor, estará entendendo. Isso não se deve apenas a uma eventual dificuldade minha em me comunicar, e sim, a diferenças relevantes entre os nossos modos de pensar.
Em contrapartida, há vezes em que falamos ou escrevemos algo que parece corresponder exatamente ao que nosso interlocutor entendeu. A sensação é

extremamente agradável, uma vez que nos sentimos devidamente entendidos, e isso define uma importante afinidade no sistema de pensar, condição indispensável para que se constitua um relacionamento íntimo. Quando ocorre essa comunicação bem-sucedida, nossa sensação é de aconchego, de não estarmos tão sozinhos neste mundo.

Ao longo do convívio com alguém cujo modo de pensar é suficientemente parecido com o nosso, é claro que podem surgir divergências de pontos de vista e mesmo de atitudes diante das várias condições objetivas da vida de cada um dos que são íntimos.

É indispensável que esse canal fluente e fácil de comunicação não se feche, o que exige certos cuidados muito relevantes. O primeiro deles diz respeito ao modo como colocamos nossas diferenças: o melhor caminho consiste no uso da primeira pessoa do singular e não da terceira pessoa, uma vez que ela pode facilmente provocar a sensação de cobrança, crítica ou acusação.

Se algo me desagrada no outro, posso dizer a ele que "eu fico triste quando acontece isso ou aquilo entre nós" em vez de "não acho que você deveria fazer isso ou

| QUARTO PILAR DO: INTIMIDADE |

aquilo"; ou pior ainda: "não aceito – não admito – que você faça isso ou aquilo".
Ninguém tem o direito de exigir nada de ninguém, muito menos dos mais íntimos. Temos o direito, e mesmo o dever, de informá-los sobre os desdobramentos de seus atos: "quando você age dessa ou daquela maneira, isso provoca em mim tantas e tais sensações e emoções". Se o outro quiser nos agradar certamente tenderá a evitar as condutas que nos entristecem. Se não for esse o caso, cabe a nós decidir se aceitamos ou não o convívio com essa pessoa.
Outro ingrediente que considero fundamental para a continuidade dos relacionamentos baseados em respeito e intimidade é a ausência de críticas.
Quando uma pessoa relevante nos censura, nossa sensação é muito desagradável; e é especialmente ruim se esperávamos algum tipo de compreensão ou alívio de um desconforto que nós mesmos estávamos sentindo por termos cometido algum erro.
Quando esperamos colo e recebemos uma reprimenda, tendemos a nos calar; e não só naquela dada situação específica, mas também em qualquer outra que venha a ser passível de algum tipo de reprimenda.

Um exemplo: se eu contar para o meu parceiro sentimental algo no qual eu tenha falhado – ou algum sonho ou pensamento não muito abonador – eu não gostaria de ouvir algo do tipo "nossa, nunca pensei que você fosse fazer essa bobagem ou ter tal tipo de pensamento". É claro que da próxima vez que eu fizer algo que possa ser censurável ou pensar algo não tão agradável, não mais contarei o que se passou comigo.
Assim, o que mais comumente interrompe a comunicação e impede a intimidade são atitudes críticas e reprovadoras vindas de parceiros cuja aceitação nos é tão importante.
Se em vez de críticas ouvirmos algo do tipo "você sabe que em uma dada ocasião fiz algo parecido e sei muito bem como é chato errar e imagino como você deva estar se sentindo; mas não se aflija, pois isso logo passa", é claro que a intimidade cresce e se fortalece.
Em síntese, as boas relações de companheirismo acontecem entre aqueles que possuem modos de ser e de pensar assemelhados, que são muito cautelosos ao expressar suas divergências – sempre dando prioridade para a descrição da repercussão das ações do outro sobre

> *si mesmo – e, mais que tudo, entre pessoas que não se arvoram como juízes, e que são, acima de tudo, cúmplices.*

Quando a aliança está absorvida, eu não preciso exigir, pois sei onde estou caminhando, e certas coisas já não surgem mais dentro do relacionamento.

Quando desfrutamos da real intimidade, nossas mentes começam a pensar juntas, pois não há segredo entre nós, e podemos nos falar sem medo. O amor perfeito, o amor de aliança, lança fora todo o medo.[2]

Minamos a intimidade quando reagimos de forma crítica e explosiva àquilo que é expresso a nós esperando entendimento e compreensão já garantidos pelos outros pilares que temos.

Da mesma forma que a aliança precisa ser cuidada, a intimidade também precisa ser regada e mantida ilesa em meio às questões do dia a dia e da vida, pois é um bem de valor incomensurável em qualquer relacionamento.

Identificação x intimidade

Um dos maiores problemas em relação à intimidade é uma confusão quanto ao que ela é, realmente.

A inversão da ordem de como se inicia o relacionamento ocorre pelo fato de se confundir *intimidade* com *identificação*.

Quando nos identificamos com alguém, achamos que essa identificação já é suficiente para abrirmos nossos caminhos para que essa pessoa entre. Isso

---

[2] 1 João 4:18.

acontece em todas as esferas – pessoal, corporativa, eclesiástica, acadêmica.

Identificação tem a ver com semelhança, e *intimidade* com o caminho que deve ser percorrido. Para exemplificar melhor, veja o poema de Fabrício Carpinejar sobre o assunto:

> *Intimidade não é identificação, apesar da proximidade entre as duas.*
> *Identificação é se unir a partir de nossas qualidades. Intimidade vai além: é se unir apesar dos defeitos.*
> *Identificação é somente buscar o lado engraçado, divertido e irreverente de cada um. Intimidade é quando não nos incomoda o lado escuro e melancólico da companhia.*
> *Identificação é estar junto no momento de felicidade. Intimidade é ser feliz ainda que triste.*
> *Identificação é perceber gostos em comum. Intimidade é descobrir as diferenças e cultivá-las com admiração.*
> *Identificação é firmar um compromisso pelo presente. Intimidade é não ter medo de enfrentar o passado.*
> *Identificação é se enamorar pelas afinidades. Intimidade é dar a mão diante das adversidades.*
> *Identificação é esperar a resposta idealizada. Intimidade é escutar o contraponto e acolher o conselho sincero.*

| QUARTO PILAR DO: INTIMIDADE |

Identificação é narcisismo. Intimidade é doação.
Identificação é buscar alguém para mostrar aos outros. Intimidade é encontrar alguém para guardar em nossa memória.
Identificação é superficial. Intimidade é transcendente.
Identificação é rotina. Intimidade é escolha.
Identificação é fazer o que se quer. Intimidade é não se sentir enganado fazendo o que o outro quer.
Identificação é orgulho. Intimidade é pedir desculpas.
Identificação é criar surpresas. Intimidade é se surpreender com o mesmo.
Identificação é estar à vontade. Intimidade é se sentir à vontade.
Identificação é não se misturar. Intimidade é se fundir.
Identificação é respeito. Intimidade é responsabilidade.
Identificação é precisar explicar. Intimidade é cuidar primeiro, depois perguntar.
Identificação é bijuteria. Intimidade é joia de família.
Identificação é contar a própria vida. Intimidade é contar a vida do outro como se fosse sua.
Identificação é esconder as vergonhas. Intimidade é ser o que também dói.

Identificação é não atrapalhar. Intimidade é não se separar.

Identificação é euforia. Intimidade é recompensa.

Identificação é segurança. Intimidade é proteção.

Identificação é seduzir de noite. Intimidade é acordar junto de manhã.

Identificação é concordar. Intimidade é entender.

Identificação é paixão. Intimidade, só a intimidade, é amor.

Aliança, o selo da intimidade

Quando um rei enviava uma carta para alguém, pegava o seu anel e a selava, para que quando chegasse ao destino fosse constatado que não havia sido aberta; era assim que se constatava a legitimidade da carta.

A *aliança* é o selo que nos garante que a intimidade não foi violada. A Bíblia relata que João, o apóstolo, se debruçava sobre o peito de Jesus. É impressionante observar a amizade que os dois tinham. Já citei anteriormente aqui no livro que de 12 discípulos,[3] Jesus tinha três mais chegados, e um que andava com ele na intimidade, que permaneceu íntimo Dele até mesmo ao pé da cruz.

O que os íntimos têm de privilégio? Saber os segredos. Quem escreveu o Livro da Revelação, o Apocalipse?

---

[3] Relato dos discípulos de Jesus: Lucas 6:13, Marcos 14:32-33 e João 13:25.

João. Há segredos guardados aos quais só íntimos têm acesso, justamente porque pagam o preço de ser íntimos.

Sim, há um preço para se andar em intimidade, e esse preço é percorrer o caminho, viver os pilares, trazê-los à prática, dia a dia, escolhendo viver como amigo, gerando confiança, andando na aliança, e assim desfrutando da intimidade.

Com essa postura bem alinhada, seremos menos atingidos e frustrados, pois nos protegeremos adequadamente e estaremos seguros, pois viveremos por princípios.

Somente os que escolhem viver por princípios vivem o extraordinário, porque o extraordinário não é para aqueles que escolheram ser comuns, mas para os que escolheram pagar o preço da diferença, a bênção de serem legítimos naquilo que fazem.

Agora você entende, de uma ponta a outra, o que chamamos de amigo íntimo.

Desafio para o extraordinário

Anote estas perguntas e responda:

- Eu sou amigo daquele(s) que está(ão) comigo?
- O que é amizade para mim? Está de acordo com os conceitos do Livro?
- Quem são meus amigos?
- Como posso desenvolver melhores amizades?
- Há confiança em meus relacionamentos?
- O que provoca desconfiança em mim?

- Quais das 85 formas de ser confiável (citadas no capítulo 3) eu pratico?
- Eu sei quais são os termos ou condições de aliança nestes relacionamentos? Eu tenho aliança?
- Como eu posso firmar esta aliança? O que eu preciso fazer? Vale a pena?
- Vale a pena caminhar sem aliança?
- Quais são os assuntos que não consigo tratar no relacionamento? Por quê?
- Em que ponto eu me sinto privado no relacionamento?

6º CAPÍTULO

USANDO OS PILARES NOS RELACIONAMENTOS

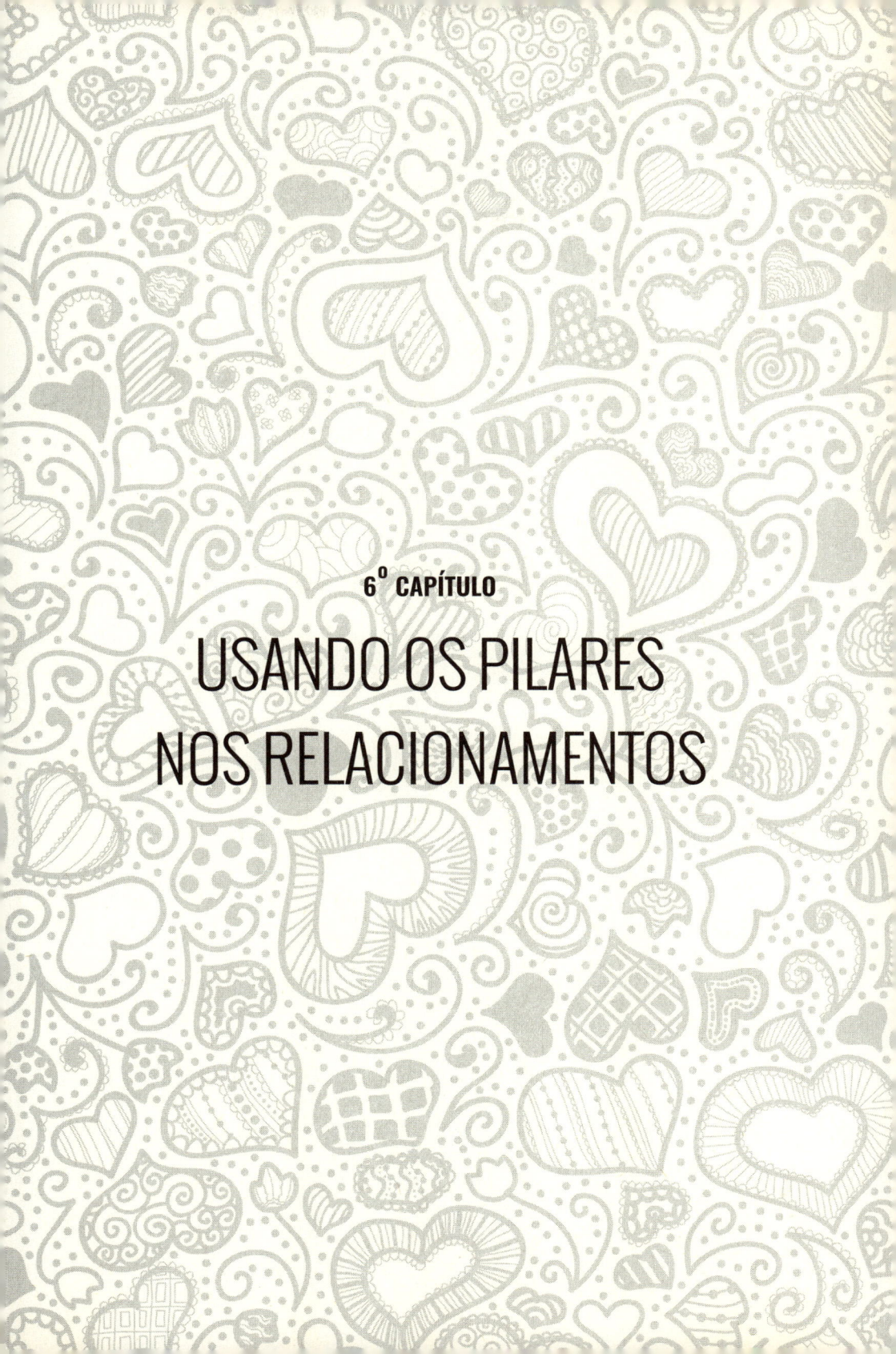

| USANDO OS PILARES NOS RELACIONAMENTOS |

Eu não podia deixar de dar dicas e sugestões sobre como trabalhar de maneira prática os pilares na sua vida.

Como já expliquei, creio nos pilares para todos os relacionamentos, pois cada um deles é abordado e utilizado de maneira diferente.

Os pilares são cíclicos e devem ser utilizados de maneira uniforme, alimentados o tempo todo, para que possam ser eficazes no seu propósito. Lembram do gráfico do primeiro capítulo?

PRINCÍPIOS PARA VIVER

ELEMENTOS DE UM RELACIONAMENTO
EXTRAORDINÁRIO

INTIMIDADE 4o.
ALIANÇA 3o.
CONFIANÇA 2o.
AMIZADE 1o.

amor, alegria, paz, longanimidade, benignidade, bondade, fidelidade, mansidão, domínio próprio — FUNDAMENTO

VERDADE — BASE

PILARES

Os pilares precisam estar alicerçados na verdade e fundamentados no fruto (se precisar rever essa abordagem, volte ao primeiro capítulo): amor, alegria, paz, longanimidade, benignidade, bondade, fidelidade, mansidão, domínio próprio.

Sem esses ingredientes, os pilares não têm efetividade. Para ajudar você a entender essa explicação, vamos explicar cada gomo de um fruto.

Vou apresentar este fruto dividido em três grupos e dar o sentido original da palavra em grego:

Primeiro grupo
- **Amor**

Aquele que não ama não conhece a Deus, pois Deus é amor. Nisto se manifestou o amor de Deus em nós: em haver Deus enviado o seu Filho unigênito ao mundo, para vivermos por meio dele. (1 João 4:8-9)

Este é o amor relatado em 1 Coríntios 13.

- **Alegria**

χαρα *(pronúncia: chara).*
5463 TDNT- 9:359,1298; nf
1) alegria, satisfação;
1a) a alegria recebida de você;
1b) causa ou ocasião de alegria;
1b1) de pessoas que são o prazer de alguém.

- **Paz**

Bem aventurados os pacificadores, porque serão chamados filhos de Deus. (Mateus 5:9)

ειρηνη (pronúncia: eirene)

Palavra originária provavelmente do verbo primário *eiro* (juntar);

TDNT- 2:400,207; nf
1) estado de tranquilidade nacional;
1a) ausência da devastação e destruição da guerra;

2) paz entre os indivíduos, i. e. harmonia, concórdia;

3) segurança, seguridade, prosperidade, felicidade (pois paz e harmonia fazem e mantêm as coisas seguras e prósperas);

4) da paz do Messias;

4a) o caminho que leva à paz (salvação);

5) do Cristianismo, o estado tranquilo de uma alma que tem certeza de sua salvação através de Cristo, e por esta razão, nada temendo de Deus e contente com sua porção terrena, de qualquer que seja a classe;

6) o estado de bem aventurança de homens justos e retos depois da morte.

Segundo grupo
- **Longanimidade**

μακροθυμια (pronúncia: makrothumia)

o mesmo que 3116; TDNT-4:374,550; nf

1) paciência, tolerância, constância, firmeza, perseverança;

2) paciência, clemência, longanimidade, lentidão em punir pecados;

Tolerância que suporta injúrias e aceita situações de irritação ou dor (esponja); oposto da impaciência.

- **Benignidade**

χρηστοτης (pronúncia: chrestotes)

5543; TDNT- 9:489,1320; nf

1) bondade moral, integridade;

2) benignidade, bondade.

Ter prazer em fazer o bem.

- **Bondade**

Bem aventurados os misericordiosos, porque alcançarão misericórdia. (Mateus 5:7)

αγαθωσυνη (pronúncia: agathosune)
18; TDNT 1:18,3; nf
1) integridade ou retidão de coração e vida;
2) bondade, gentileza.

Terceiro Grupo
- **Fidelidade**

πιστις (pronúncia: pistis)
3982; TDNT- 6:174,849; nf
1) convicção da verdade de algo, fé;
No NT, de uma convicção ou crença que diz respeito ao relacionamento do homem com Deus e com as coisas divinas, geralmente com a ideia inclusa de confiança e fervor santo, nascido da fé e unido com ela;
1a) relativo a Deus;
1a1) a convicção de que Deus existe e é o Criador e Governador de todas as coisas, o Provedor e Doador da salvação eterna em Cristo;
1b) relativo a Cristo;
1b1) convicção ou fé forte e bem-vinda de que Jesus é o Messias, através do qual nós obtemos a salvação eterna e a herança do Reino de Deus;
1c) a fé religiosa dos cristãos;
1d) fé com a ideia predominante de confiança (ou confidência) seja em Deus ou em Cristo, surgindo da fé nEle;
2) fidelidade, lealdade;
2a) o caráter de alguém em quem se pode confiar. Observância rigorosa da verdade; exatidão.

- **Mansidão**

Bem aventurados os mansos, porque eles herdarão a terra. (Mateus 5:5 –StrRA)

πραοτης (pronúncia: praotes, ver πραυτης de 4235); n f

1) gentileza, bondade, humildade;
Sinônimos ver verbete 5898 & 5899.

- **Domínio próprio**

εγκρατεια (pronúncia: egkrateia)
1468; TDNT- 2:339,196; nf

1) autocontrole (virtude de alguém que domina seus desejos e paixões, especialmente seus apetites sensuais (StrRA).

Se cada parte envolvida no relacionamento assumir alguns desses comportamentos por dia, ele tende a ser cada vez mais maduro e bem vivido. Exemplo: eu quero viver alegria, mansidão e domínio próprio. O outro quer viver, bondade, paz e longanimidade. Como será um relacionamento assim? Cada um buscando viver e desenvolver esses comportamentos. Extraordinário, não é?

Os quatro pilares na prática
Nos relacionamentos pessoais e profissionais

- **Amizade**

Selecione as pessoas que vão caminhar com você nesse nível: *colegas* têm um nível de privilégios, *amigos* têm um nível muito maior.

Quando falamos em amizade, falamos de um elo sentimental – a alma se ligou a alguém – e não podemos ter uma pessoa qualquer conectada em nossa alma.

Lembre-se do desafio: pondere se todos que caminham com você poderiam escrever isso:

> *Querido amigo*
> *(coloque o nome do seu amigo aqui),*
> *Eu quero agradecer a você por todo esse tempo que já temos caminhado juntos. Gratidão por estar comigo em meus desafios e minhas alegrias, e por fazer parte da minha história.*
> *Quero dizer o quão importante você é para mim, e fico muito feliz por termos um álbum tão lindo de momentos que vivemos juntos.*
> *Que a nossa amizade possa se renovar a cada dia e que possamos viver ainda grandes momentos.*

- **Confiança**

Quando você atinge essa fase nesse pilar, já começa a colher os frutos de sua escolha. Decida ser confiável, pratique os 85 princípios, e caminhe em direção a esse novo nível de relacionamento.

Lembre-se de que as pessoas não são perfeitas – inclusive você. Possivelmente elas errarão com você. Mas estabeleça novos desafios, pois você já passou do nível da amizade. Vale a pena investir em confiança.

Se for preciso, faça o teste do capítulo 3: quer saber se pode confiar em alguém? Conte somente para essa pessoa algo que não tenha tanta importância e lhe peça para guardar segredo. Observe o que acontece.

- **Aliança**

Se ainda não existir, estabeleça termos para o seu relacionamento os quais possam ser cumpridos e que o norteiem. Exemplo:

Nós nos comprometemos a não deixar nenhuma mágoa viva entre nós e sempre ter espaço para o perdão.

Nós nos comprometemos a buscar o melhor para o outro.

Nós nos comprometemos a continuarmos juntos no coração um do outro, mesmo que estejamos à distância, e a nos falarmos uma vez por semana.

Chame alguém de confiança, em quem vocês dois reconheçam autoridade e idoneidade, para selar esta aliança.

- **Intimidade**

Depois dos passos mencionados, creio que há liberdade para que certas coisas sejam compartilhadas e assim alguns comportamentos existam.

Sugiro que o *Desafio para o Extraordinário* do capítulo 5 seja realizado.

No relacionamento matrimonial

- **Amizade**

A porta de entrada para qualquer relacionamento amoroso deveria ser a amizade. Porém, como já mencionei neste livro, nem sempre é assim.

O grande segredo está em trazer a "roda" do relacionamento para começar a rodar por este pilar.

Construir um relacionamento que tenha como base a amizade é construí-lo para durar para sempre. Trabalhar nas afinidades, descobri-las e desenvolvê-las é o primeiro passo para que isso seja uma forte característica. Uma dica que dou a você (ou vocês) é descobrir a linguagem de amor de ambos, tanto sua como de seu cônjuge.

Desenvolvemos uma ferramenta a partir da qual você pode descobrir sua linguagem de amor e também assistir uma palestra na qual eu explico como você pode utilizar essa linguagem.

Entre em www.cincolinguagensdoamor.com.br e faça o teste. É nesse mesmo site que encontrará a palestra disponível.

Falar a linguagem do seu cônjuge colocará o seu relacionamento em outro nível, contribuindo para ajustar o que até então não exista ou não esteja adequado entre vocês.

- **Confiança**

Quanto mais eu confio, mais eu descanso. Viver em estado de alerta para algo ruim que possa suceder é nocivo e destruidor.

Entrar no pilar da confiança, e desenvolvê-la, é o segredo para um relacionamento leve e edificante.

Se não confio, me movo pelo medo. E mover-se pelo medo é mover-se ansioso, cheio de ressalvas e sem paz.

Confiança é ter o primeiro pilar restaurado (amizade) e eliminar (ou entrar no processo de eliminar) os pontos de interrogação no relacionamento.

| USANDO OS PILARES NOS RELACIONAMENTOS |

Dê passos rumo à confiança. Desenvolva, construa algo sincero e verdadeiro, dando chances para o novo começo. Confiança tem ligação com o amor, com uma decisão, e não com paixão ou emoções. Dica infalível: leia junto com seu cônjuge este texto:

Ainda que eu fale as línguas dos homens e dos anjos, se não tiver amor, serei como o bronze que soa ou como o címbalo que retine. Ainda que eu tenha o dom de profetizar e conheça todos os mistérios e toda a ciência; ainda que eu tenha tamanha fé, a ponto de transportar montes, se não tiver amor, nada serei. E ainda que eu distribua todos os meus bens entre os pobres e ainda que entregue o meu próprio corpo para ser queimado, se não tiver amor, nada disso me aproveitará. O amor é paciente, é benigno; o amor não arde em ciúmes, não se ufana, não se ensoberbece, não se conduz inconvenientemente, não procura os seus interesses, não se exaspera, não se ressente do mal; não se alegra com a injustiça, mas regozija-se com a verdade; tudo sofre, tudo crê, tudo espera, tudo suporta. O amor jamais acaba; mas, havendo profecias, desaparecerão; havendo línguas, cessarão; havendo ciência, passará; porque, em parte, conhecemos e, em parte, profetizamos. Quando, porém, vier o que é perfeito, então, o que é em parte será aniquilado. Quando eu era menino, falava como menino, sentia como menino, pensava como menino; quando cheguei a ser homem, desisti das coisas próprias de menino. Porque, agora, vemos como em espelho, obscuramente; então, veremos face a face. Agora, conheço em parte; então, conhecerei como também sou conhecido. Agora, pois, permanecem a fé, a esperança e o amor, estes três; porém o maior destes é o amor. (1 Coríntios 13:1-13, escrito pelo apóstolo Paulo)

Anote os pontos nos quais vocês ainda não conseguem viver esse amor, e estabeleçam uma aliança para a transformação (próximo ponto).

- **Aliança**

Vocês lembram o que disseram um para o outro? Qual foi a aliança que estabeleceram para viver? Lembram-se? Então, "PARADEUS!" (eu prefiro esse trocadilho, "*paraDeus*", do que *parabéns*! ;))

Vocês vivem algo muito raro! Como é importante que se lembrem do que foi dito naquele dia tão importante!

E se vocês escrevessem isso e deixassem em algum lugar visível, para nunca esquecer? Talvez, pudessem, com o passar dos anos, acrescentar alguns termos que foram se mostrando necessários.

Aliança é algo que se consolida na medida em que acontece o seu cumprimento, e é também algo que se renova. Renovar a aliança é incluir termos, elencar novas decisões que serão vividas mutuamente em comum decisão e acordo.

| USANDO OS PILARES NOS RELACIONAMENTOS |

Alguns parágrafos atrás sugeri que 1 Coríntios 13 fosse incluído na aliança do casal, fortalecendo e dando um novo "fôlego" ao relacionamento, buscando trazê-lo para um nível ainda melhor.

Que tal então fazer isso agora, renovar sua aliança com seu cônjuge?

- **Intimidade**

Desfrutar da intimidade como amigos, em confiança e firmados em uma aliança, é uma experiência impressionante!

Viver a intimidade sob um conhecimento mútuo profundo é desfrutar de uma intimidade plena e sem reservas. Começar a ter conversas mais profundas sem medo de magoar o outro, mas sim sabendo o "terreno em que se está pisando" não tem preço.

No pilar da aliança temos a garantia de viver uma vida com a porta aberta para dentro e fechada para fora. Blindamos o que foi guardado e construído para que os dois usufruam desta bênção – a bênção da intimidade.

No casamento, não é só o corpo que é destinado à intimidade, mas também a *mente* (razão), o *coração* (emoções) e tudo o mais – o que for de um, é dos dois. Crescer nisso é fortalecer a amizade, inspirar a confiança e viver a aliança.

Viver um relacionamento extraordinário é possível!

Você vai perceber que os pilares, além de serem sustentadores de relacionamento, são cíclicos. Sempre estaremos trabalhando em cada um deles, fortalecendo, renovando, trazendo o real sentido de cada um.

Ao longo dos últimos anos temos ministrado sobre isso por onde passamos, e é impressionante como tais princípios são preciosos e, se praticados, conduzem os que os praticam a um novo nível de vida!

Aplique em seu casamento o "P.P.E." que ensino na palestra *5 Dicas de Ouro Para Harmonizar Seu Casamento*, e você verá um resultado imediato no seu dia a dia: Pensar, Planejar e Executar.

Pense sobre o que você leu, reflita, raciocine, e não permita que nenhum elemento sabotador permaneça em sua mente. Tenha uma mente progressista, disposta a aprender e a transformar-se. Conformar-se é tomar a forma da situação que você vive. Não se conforme, mas seja transformado pela renovação do seu entendimento (Romanos 12:2), para que você possa experimentar o novo – e só experimenta o novo quem decide ser transformado, renovando sua mente.

Planeje os passos que você dará, estabeleça prazos para que possa mensurar os resultados. Não fica apenas no "preciso começar", "quero começar" – dê o primeiro passo, tendo planejado os passos seguintes. Transformações acontecem quando você visualiza o caminho para chegar até o ponto desejado.

Execute os passos planejados fazendo a si mesmo as seguintes perguntas: "O que eu ganho agindo da melhor forma?" "O que eu perco agindo desta forma?" Essas duas simples perguntas representam para você uma ferramenta para que todos os passos sejam dados com firmeza.

7º CAPÍTULO

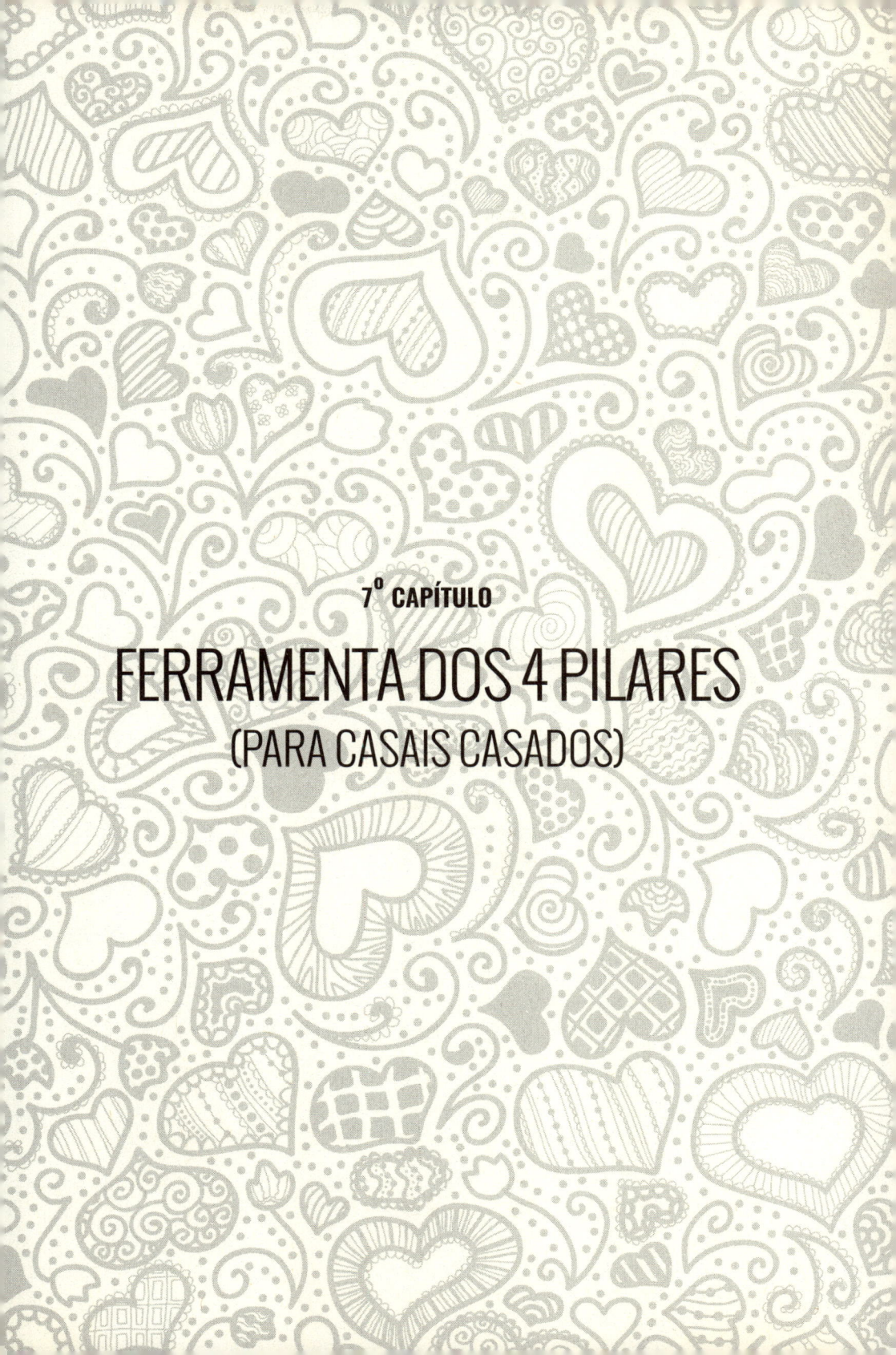

FERRAMENTA DOS 4 PILARES
(PARA CASAIS CASADOS)

| FERRAMENTA DOS 4 PILARES |

No *coaching* usamos diversas rodas. A mais famosa delas é a Roda da Vida. Para este contexto, criei uma ferramenta específica para que você aplique em seu relacionamento, trazendo movimento e progresso para ele.

A Roda do Relacionamento contém os quatro pilares. Observe que cada bloco se compõe de três valores (exemplo – Amizade: Comunicação, Afinidade, Entendimento). Dê uma nota de 0 a 10 para cada um:

Roda do Relacionamento

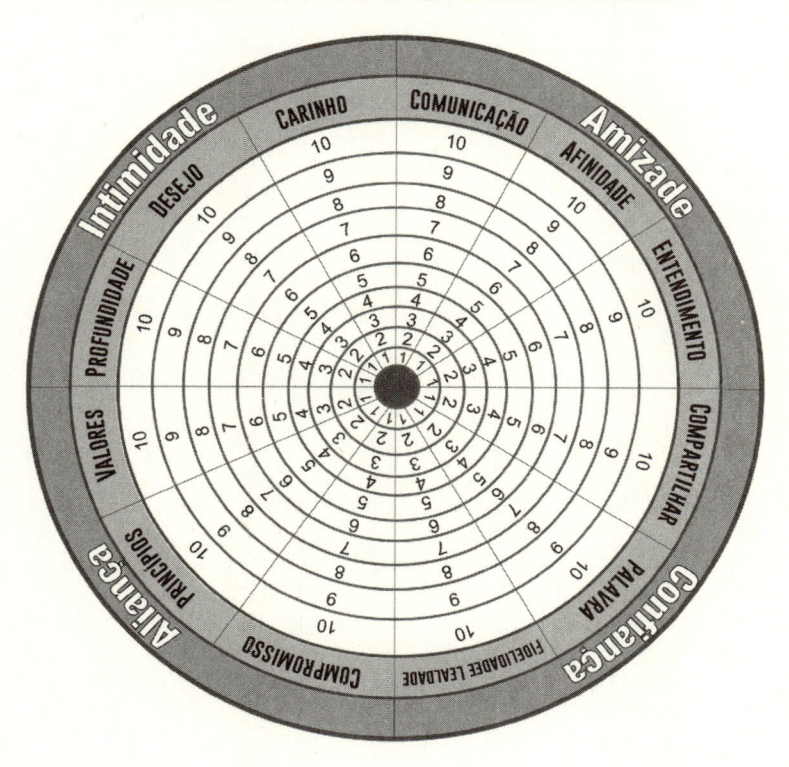

Como aplicar

- Imprima duas cópias em branco para cada pessoa. Clique aqui para baixar a versão de impressão: www.vivendooextraordinario.com.br/ferramentas/RodadoRelacionamentoV1.pdf

- Preencha individualmente, analisando o seu cônjuge (não a si mesmo). Coloque uma marca na nota que faz sentido para você, em cada um dos valores, em relação ao seu cônjuge. Depois "ligue" cada marca, conforme ilustrado no exemplo a seguir:

Roda do Relacionamento

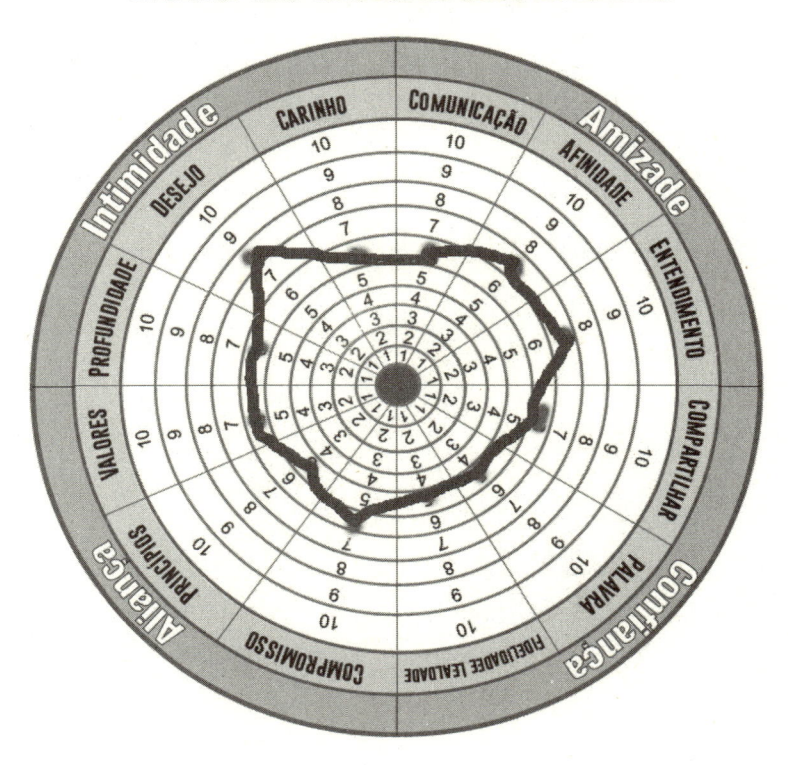

| FERRAMENTA DOS 4 PILARES |

- Quanto mais perto da borda e uniforme, melhor o relacionamento estará.
- Quanto mais "entradas" a roda tiver, mais ela precisa de ajustes naquela área em que o ponto foi assinalado para menor.
- Depois do preenchimento, compartilhe a nota com seu parceiro e pergunte o que ele achou da nota que recebeu.
- Após o compartilhamento, pegue a outra via e faça o seu projeto de melhorar as notas que recebeu, contando da data de preenchimento até três meses. E para cada área, determine as ações que fará para melhorar aquela nota.
- Some as notas de cada pilar e coloque no quadro ao lado da roda. Assim você saberá em que áreas você está melhor e quais áreas precisam de mais investimento e atenção.

Amizade
Confiança
Aliança
Intimidade

TOTAIS

- Foque primeiro nas notas que foram abaixo da nota 7.
- A projetiva então ficaria assim (exemplo):

Roda do Relacionamento

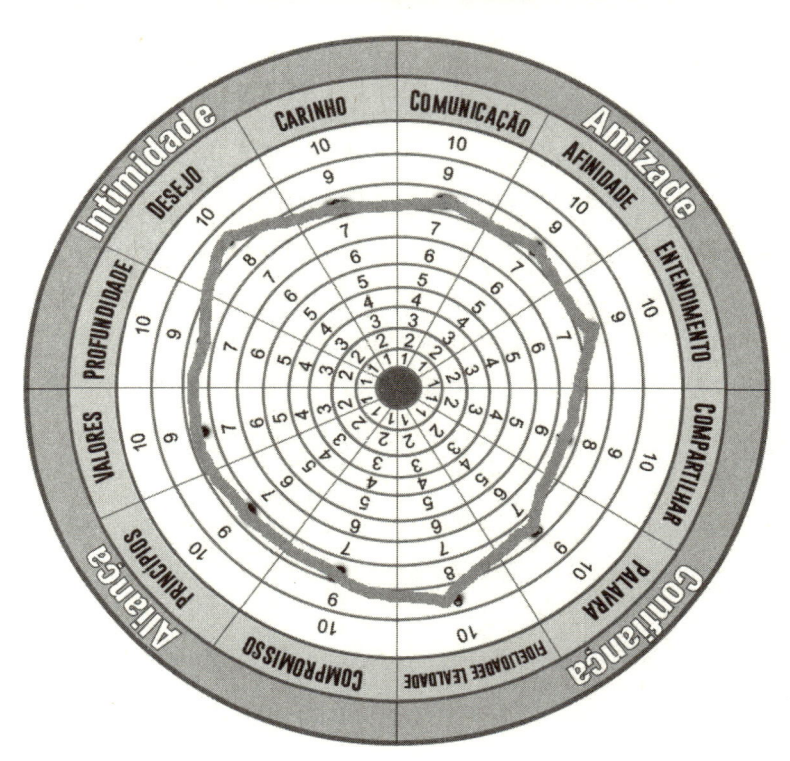

- O ideal é que a cada três meses você refaça o processo, para ver o andamento da melhoria.

Entendendo os valores de cada pilar

- **Amizade**

Comunicação: a qualidade das conversas e o tempo dedicado à conversa.

Afinidade: como seu cônjuge se identifica com você.

Entendimento: a clareza do relacionamento e comunicação, como o cônjuge tem compreendido ao outro no relacionamento.

- **Confiança**

Compartilhar: o quanto seu cônjuge compartilha do seu dia, de suas alegrias, seus problemas e questões dentro do relacionamento.

Palavra: seu cônjuge honra a palavra que dá?

Fidelidade e Lealdade: seu cônjuge é fiel? Lealdade não depende do outro, só de você. Ela se prova quando se está sozinho. O quanto seu cônjuge é leal com você.

- **Aliança**

Compromisso: o quanto seu cônjuge é compromissado com o relacionamento, seus deveres e obrigações.

Princípios: seu cônjuge honra os princípios que foram estabelecidos?

Valores: Honestidade, Verdade, Justiça,... quanto aos valores que vocês têm, que nota você daria para o seu cônjuge?

- **Intimidade**

Profundidade: seu cônjuge consegue lidar com assuntos delicados, conversar e se expor com facilidade?

Desejo: de 0 a 10, quanto é o desejo do seu cônjuge intimamente e a quantidade?

Carinho: seu cônjuge é carinhoso?

Geralmente as rodas são feitas com uma avaliação pessoal – a pessoa avalia a si mesma.

Em se tratando do casal, o autoconhecimento deve ser cada vez maior.

Não há pessoa melhor para conhecer ao outro do que o cônjuge, pois ele vê o que o cônjuge por vezes vê, mas não fala. Esta, portanto, é uma oportunidade de haver uma autoavaliação como casal.

Coloque a projetiva da Roda de Relacionamento em um lugar visível, para que você se lembre do que deve alcançar, e até mesmo para pedir a ajuda do cônjuge nos ajustes e melhorias necessários para atingir os alvos propostos.

Cada valor tem um peso para cada casal e para cada cônjuge individualmente.

Visualizar essa projetiva lhe permitirá ter um norte do que é importante para o seu cônjuge, melhorando ainda mais o relacionamento de vocês.

Ferramenta dos 4 Pilares
(Demais tipos de relacionamento)

Quando falamos sobre "demais tipos de relacionamento" (pessoal, ministerial ou corporativo), temos que pensar em uma autoavaliação que depois é compartilhada com outra pessoa.

Assim, escolha um relacionamento por vez ou, se fizer sentido para você, faça em grupo, verificando se a autoavaliação foi correta.

É muito importante sentar-se com alguém, ambos olhando-se nos olhos, e ouvir se a autoavaliação está correta naquele relacionamento.

Lembre-se de que é uma autoavaliação dentro de *um relacionamento* – e você poderá fazer o mesmo para quantos relacionamentos quiser, pois cada pessoa é diferente.

Portanto, você pode ser mais amigo, confiar mais ou menos, ter um nível de aliança maior ou menor e uma intimidade maior ou menor, dependendo de cada pessoa com quem se relaciona.

Esta autoavaliação funciona de forma semelhante à primeira: dando-se notas de 0 a 10 para cada área, só que agora você se autoavalia.

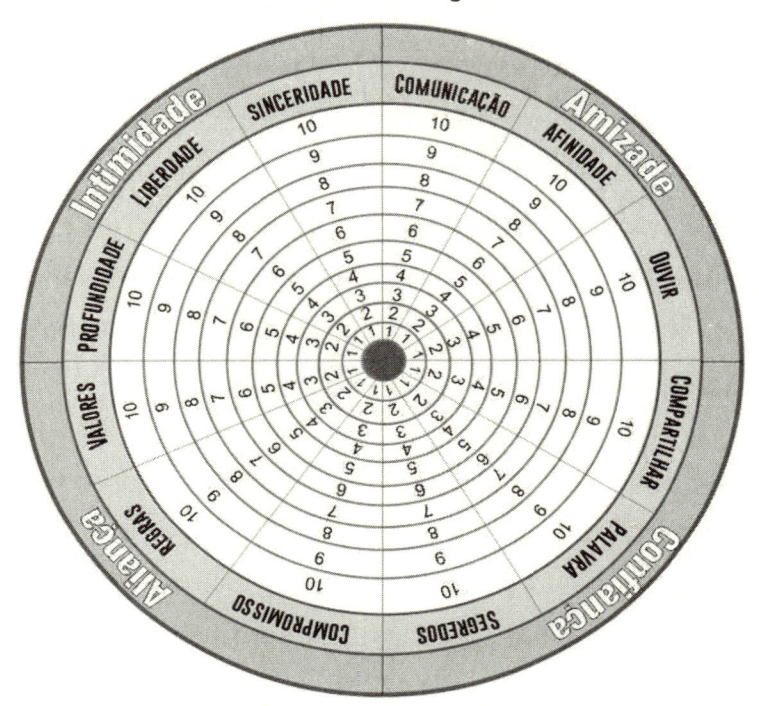

Roda do Relacionamento
Autoavaliação

Como aplicar
- Imprima duas cópias em branco.

Clique aqui para baixar a versão de impressão: www.vivendooextraordinario.com.br/ferramentas/RodadoRelacionamentoAutoAval.pdf

- Preencha individualmente, fazendo uma autoavaliação, colocando uma marca na nota que faz sentido para você em cada valor. Depois "ligue" cada marca, como ilustrado a seguir:

| FERRAMENTA DOS 4 PILARES |

Roda do Relacionamento
Autoavaliação

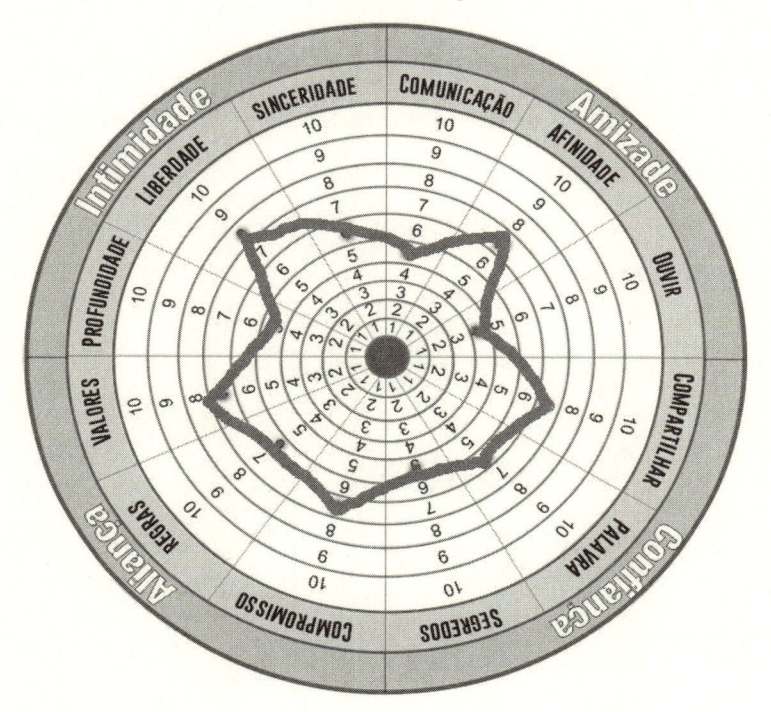

- Quanto mais perto da borda e uniforme, melhor o relacionamento estará.
- Quanto mais "entradas" a roda tiver, mais ajustes são necessários naquela área em que o ponto foi assinalado para menor.
- Depois do preenchimento, compartilhe a nota com a pessoa com a qual você está fazendo a avaliação e pergunte o que ela achou da nota que você deu a si mesmo.

- Após o compartilhamento, pegue a outra via e faça o seu projeto de melhorar as notas, contando da data de preenchimento até três meses. Para cada área, determine as ações que fará para melhorar aquela nota.
- Some as notas de cada pilar e coloque no quadro ao lado da roda. Assim, você saberá em quais áreas você está melhor e em quais precisa de mais investimento e atenção.

Amizade	
Confiança	
Aliança	
Intimidade	
TOTAIS	

- Foque primeiro nas notas que foram abaixo de 7.
- A projetiva então ficaria assim (exemplo):

| FERRAMENTA DOS 4 PILARES |

Roda do Relacionamento
Autoavaliação

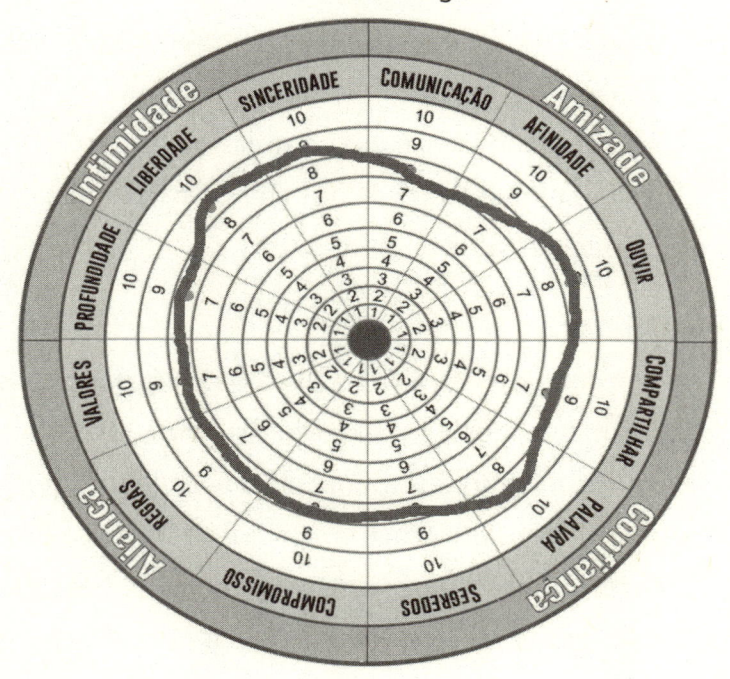

- O ideal é que a cada três meses você refaça o processo para ver o andamento da melhoria.

Entendendo os valores de cada pilar (Autoavaliação)

- **Amizade**

Comunicação: a qualidade das conversas e o tempo de conversa.

Afinidade: o quanto você se identifica com o outro (aquele que está com você nessa avaliação).

Ouvir: o quanto você ouve neste relacionamento.

Confiança

Compartilhar: o quanto você compartilha do seu dia, suas alegrias, seus problemas e questões.

Palavra: como você é em cumprir o que fala?

Segredo: o quanto você conta de coisas importantes e valiosas neste relacionamento.

- **Aliança**

Compromisso: o quanto você é compromissado com o relacionamento, quais os seus deveres e obrigações.

Regras: há condições, normas e acordos no relacionamento? O quanto você cumpre deles?

Valores: honestidade, verdade, justiça,... Falando em valores que você percebe no relacionamento, que nota você dá a si mesmo neste quesito?

- **Intimidade**

Profundidade: você consegue tratar assuntos delicados, profundos e desafiadores? Sente que há algo além de comprometimento?

Liberdade: o quanto você se sente à vontade no relacionamento?

Sinceridade: você é verdadeiro em suas opiniões com o outro?

| FERRAMENTA DOS 4 PILARES |

Geralmente as Rodas são feitas com uma avaliação pessoal – a pessoa avalia a si mesma. Em se tratando do casal, o autoconhecimento deve ser cada vez maior. Não há pessoa melhor para conhecer o outro do que o cônjuge, pois ele vê o que o cônjuge por vezes vê, mas não fala. Vemos e muitas vezes não falamos. Esta, portanto, é a oportunidade de haver uma autoavaliação como casal.

Coloque a projetiva da Roda de Relacionamento em um lugar visível, para que você se lembre do que deve alcançar, e até mesmo para pedir a ajuda do cônjuge nos ajustes e melhorias necessários para atingir os alvos propostos.

Cada valor tem um peso em cada relacionamento. Visualizar essa projetiva permitirá a você ter um norte do que é importante no relacionamento em que você se autoavaliou e recebeu o *feedback*, melhorando-o ainda mais.

Se você tiver dúvidas a respeito da aplicação da ferramenta, entre em contato conosco ou acesse o nosso canal. Nele há vídeos tratando sobre essa aplicação.

www.youtube.com/DanielRibeiroQueiroz
WhatsApp: (11) 98791-8752
E-mail: estou@vivendooextraordinario.com.br

BIBLIOGRAFIA E REFERÊNCIAS

AMAZONAS, A. **Inteligência emocional**. 1. ed. São Paulo: Semente de Vida, 2000. 207p.

CARPINEJAR, Fabricio. **Blog do Carpinejar**. O Globo, 18 março 2016. Disponível em: <http://blogs.oglobo.globo.com/fabricio-carpinejar/post/identificacao-ou-intimidade.html>. Acesso em: 4 outubro 2017.

CARNEGIE, Dale. **Como fazer amigos e influenciar pessoas**. 52. ed. São Paulo: Companhia Editora Nacional, 2012. 264p. ISBN 9788504018028.

CHAPMAN, Gary. **As cinco linguagens do amor**. 3. ed. [S.l.]: Mundo Cristão, 2013. 216p. ISBN 978-85-7325-892-9.

CHEN, Robert. **101 Simple Ways to Build Trust**. Embrace Possibility, 2012. Texto traduzido e adaptado do original em inglês. Disponível em: <www.embracepossibility.com/blog/ways-to-build-trust>. Acesso em: 10 setembro 2017.

GIKOVATE, Flávio. **Como definir a amizade?** 26 dezembro 2016. Disponivel em: <http://flaviogikovate.com.br/como-definir-a-amizade/>. Acesso em: 10 setembro 2017.

GOLEMAN, Daniel. **Inteligência emocional**. 1. ed. São Paulo: Objetiva, 1995. 378p.

KÜBLER-ROSS, Elisabeth. **Sobre a morte e o morrer**. 7. ed. São Paulo: Martins Fontes, 1996. 299p.

MIKULINCER, Mario; Shaver; Philip. R., Sapir-Lavid, Y., & Avihou-Kanza, N. **What's inside the minds of securely and insecurely attached people? The secure-base script and its associations with attachment-style dimensions.** Journal of Personality and Social, vol. 97, nr. 4, October 2009. p. 615-633.

PRIBERAM Dicionário Online. **Priberam**, 2013. Disponível em: <https://www.priberam.pt/dlpo/>. Acesso em: 10 junho 2017.

SIMPSON, Jeffry A. **Fundamentos psicológicos da confiança.** Current Directions and Psychological Science, 16, n. 5, 2007. p. 264-268.

STREEP, Peg. **Psychology Today**. Disponível em: <https://www.psychologytoday.com/experts/peg-streep>. Acesso em: 2017.

VIEIRA, Paulo. **O poder da ação**. 1. ed. São Paulo: Gente, 2015. 256p. ISBN 9788545200345.

WATERS, Harriet S. & Waters, Everett. **The attachment working models concept: amont other things, we build script-like representations of secure base experiences.** Attachment & Human Development, vol.8, nr.3, September 2006. p.187-197.

Impressão e acabamento
Rotermund
Fone (51) 3589 5111
comercial@rotermund.com.br